You Don't Stand a Chance!

135+ Unique Puzzles and Mind Games for Adults

BETCHA BOOKS

ISBN: 9798373213189

CONTENTS

1. Introduction

First and foremost, this is a puzzle book. But additionally, some harder puzzles include a separate time challenge that we are certain you can't beat. They are identified with a 3D puzzle image, representing the frustration and annoyance who will undoubtedly feel. With those puzzles, we simply **don't think you stand a chance**!

The book is separated into sections, each with different puzzle types. Feel free to solve the puzzles in order or jump around as you want. If you do want to jump around, there is a handle table at the back of the book where you can mark off the puzzles you have completed.

Good luck. Have fun. And don't stress too much about not being up to the challenge!

2. Mazes

Rules

Mazes are simple in concept but can be tricky in practice. To complete the puzzle, you must draw a line between the entrance (mouse) and exit (cheese) without breaking the line or drawing it through a wall.

Practice

Try the following puzzle for practice. It's easy (solution is provided in the back):

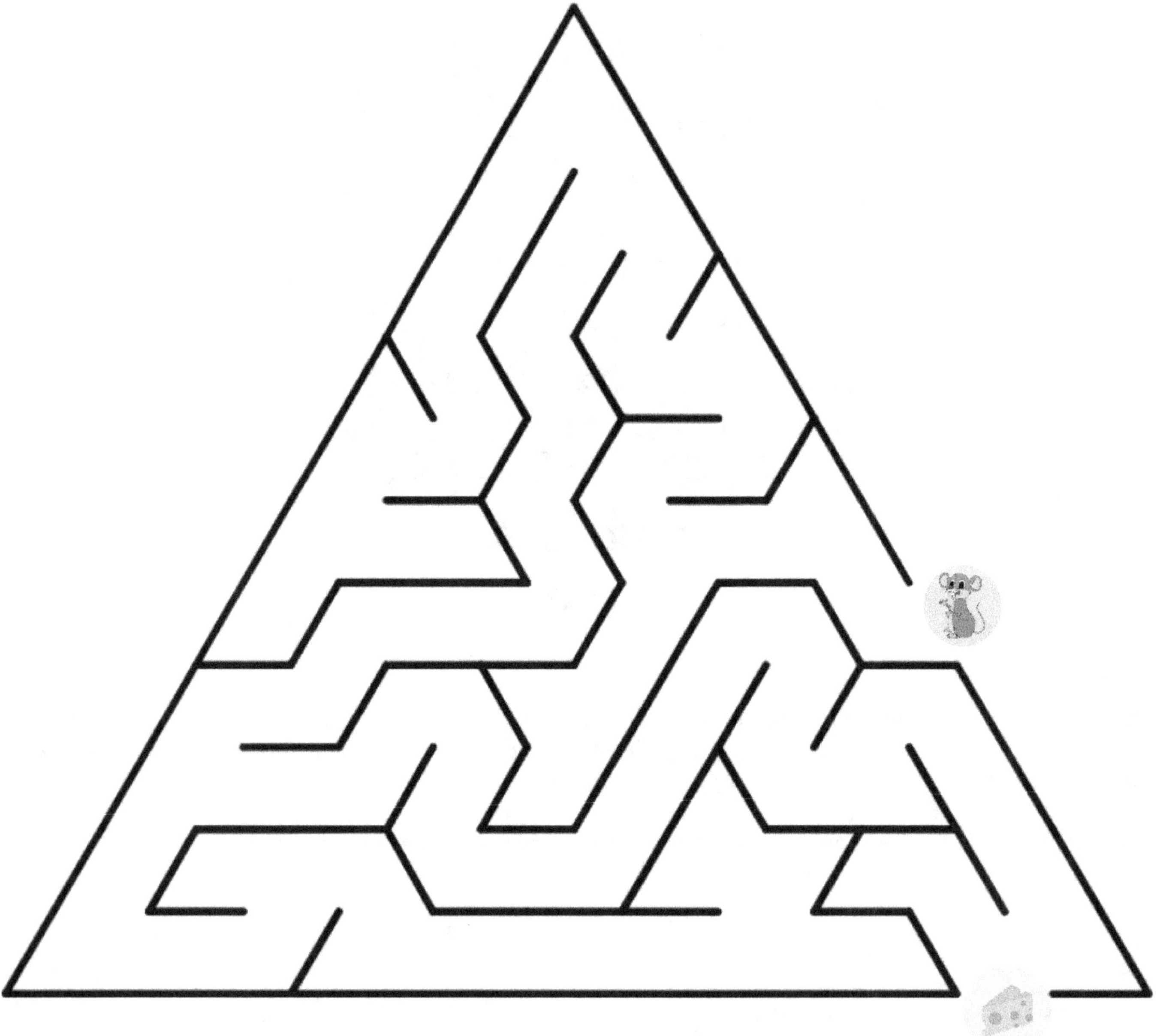

Hint: Try a path and when you hit a dead end, backtrack to the last intersection, and simply try another route.

◀ Puzzle 1 ▶

Difficulty: Easy – this one shouldn't give you much trouble at all

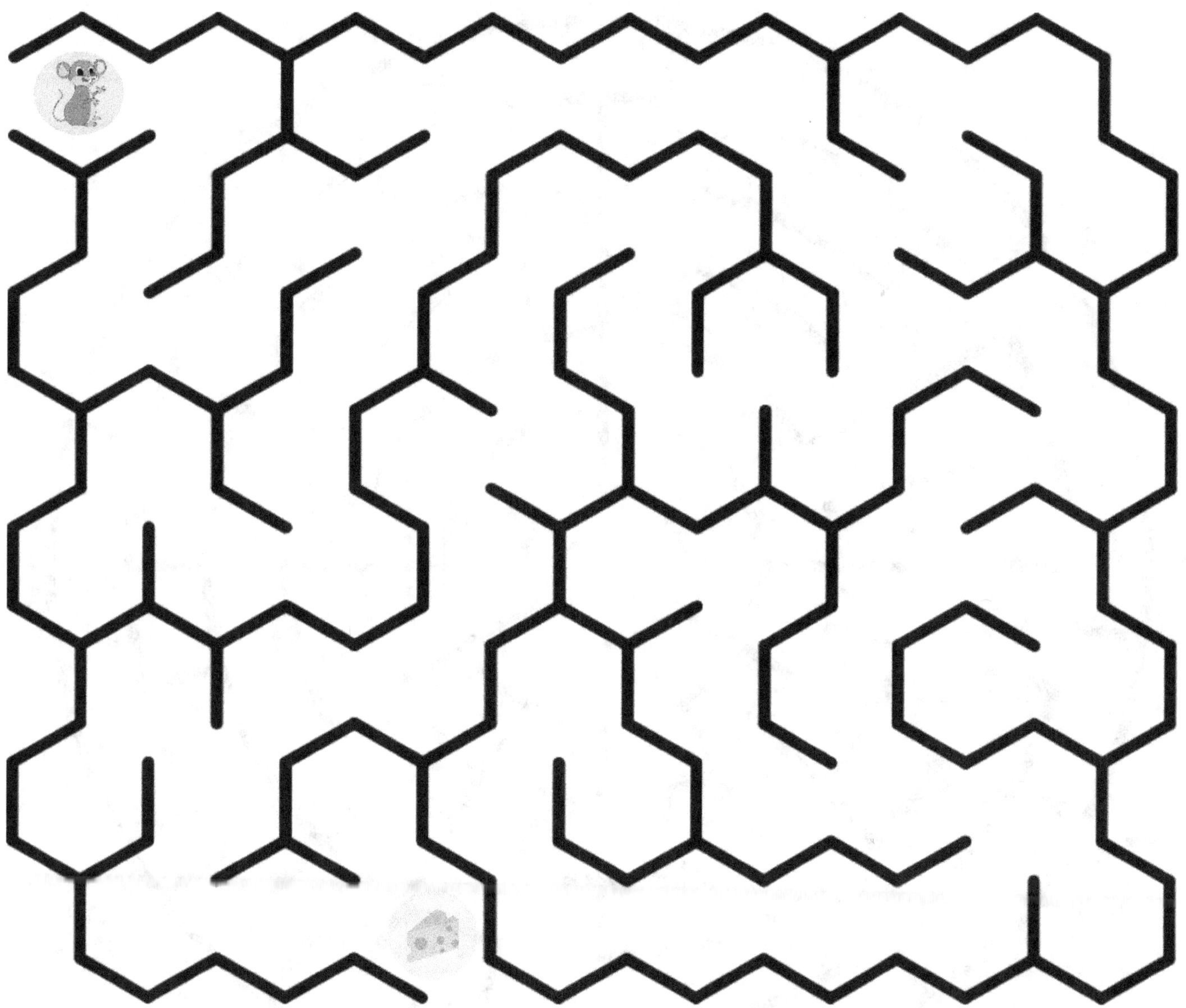

◀ Puzzle 2 ▶

Difficulty: Easy

◀ Puzzle 3 ▶

Difficulty: Medium – you may be sweating a bit on this one

◀ Puzzle 4 ▶

Difficulty: Medium

◀ Puzzle 5 ▶

Difficulty: Medium

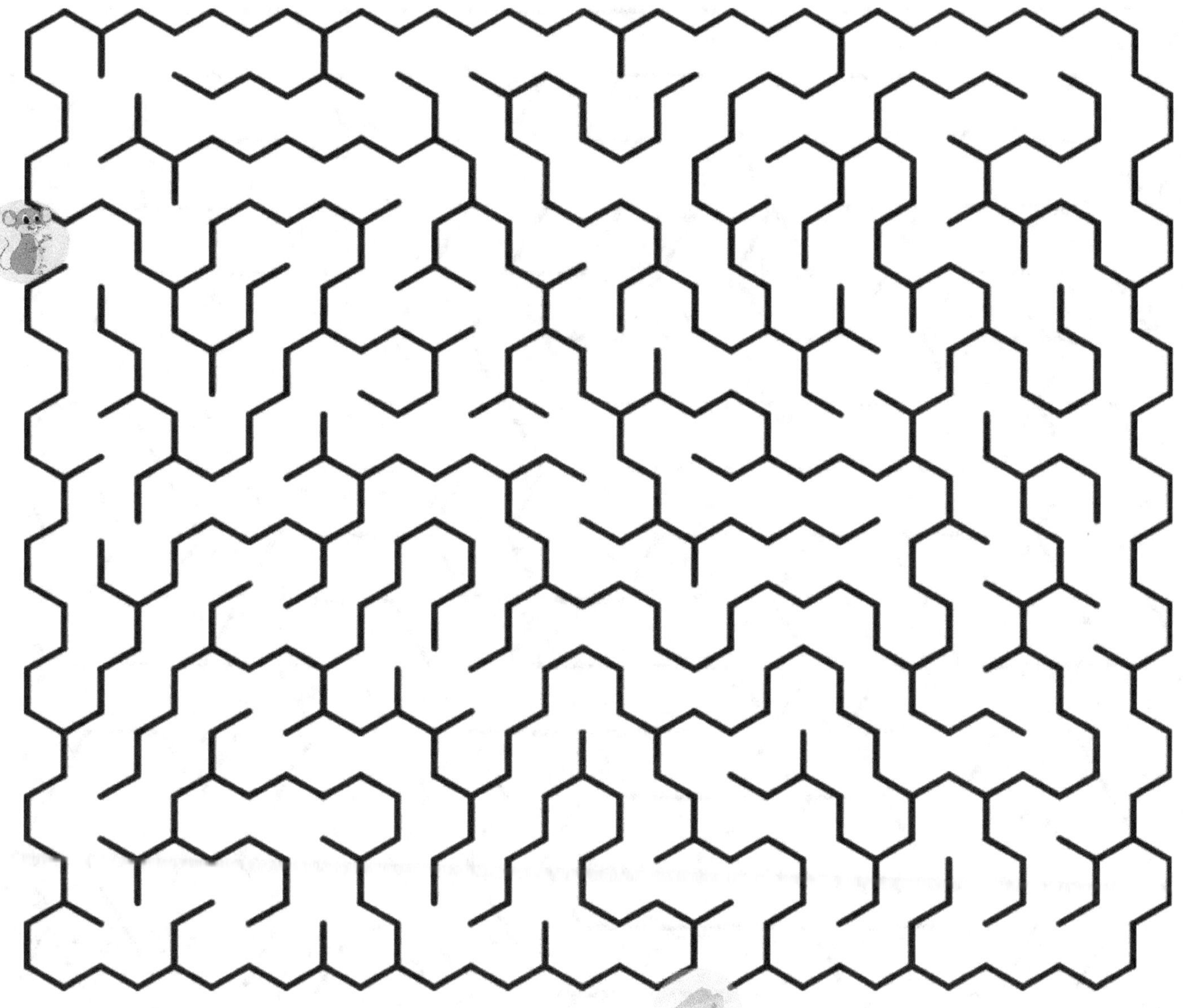

◄ Puzzle 6 ►

Difficulty: Medium

◀ <u>Puzzle 7</u> ▶

Difficulty: Medium

◀ Puzzle 8 ▶

Difficulty: Medium

◀ <u>Puzzle 9</u> ▶

Difficulty: Medium

◄ Puzzle 10 ►

Difficulty: Hard – now you're in big trouble!

◀ Puzzle 11 ▶

Difficulty: Hard

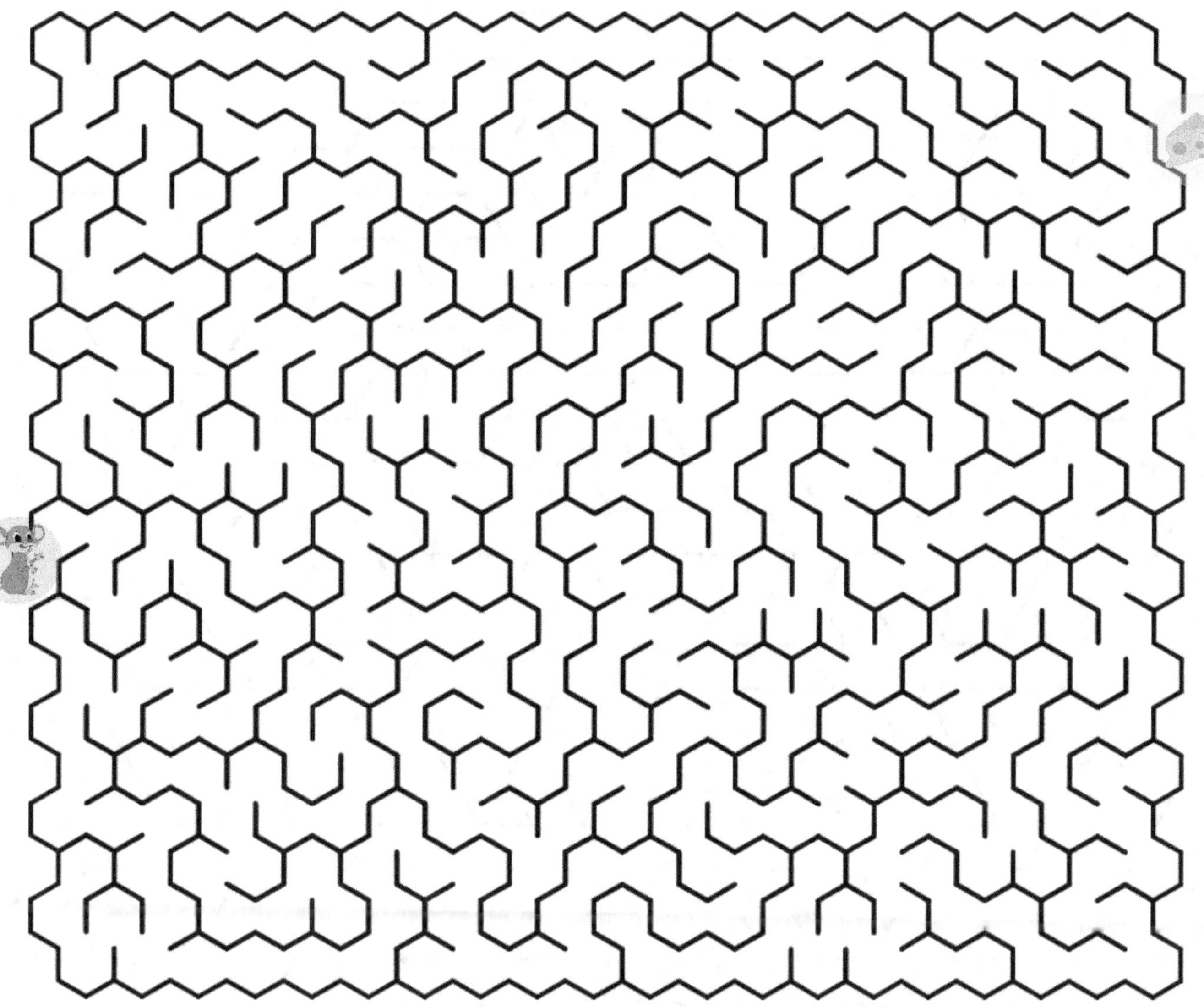

◀ Puzzle 12 ▶

Difficulty: Hard

◀ <u>Puzzle 13</u> ▶

Difficulty: Hard

◀ <u>Puzzle 14</u> ▶

Difficulty: Hard

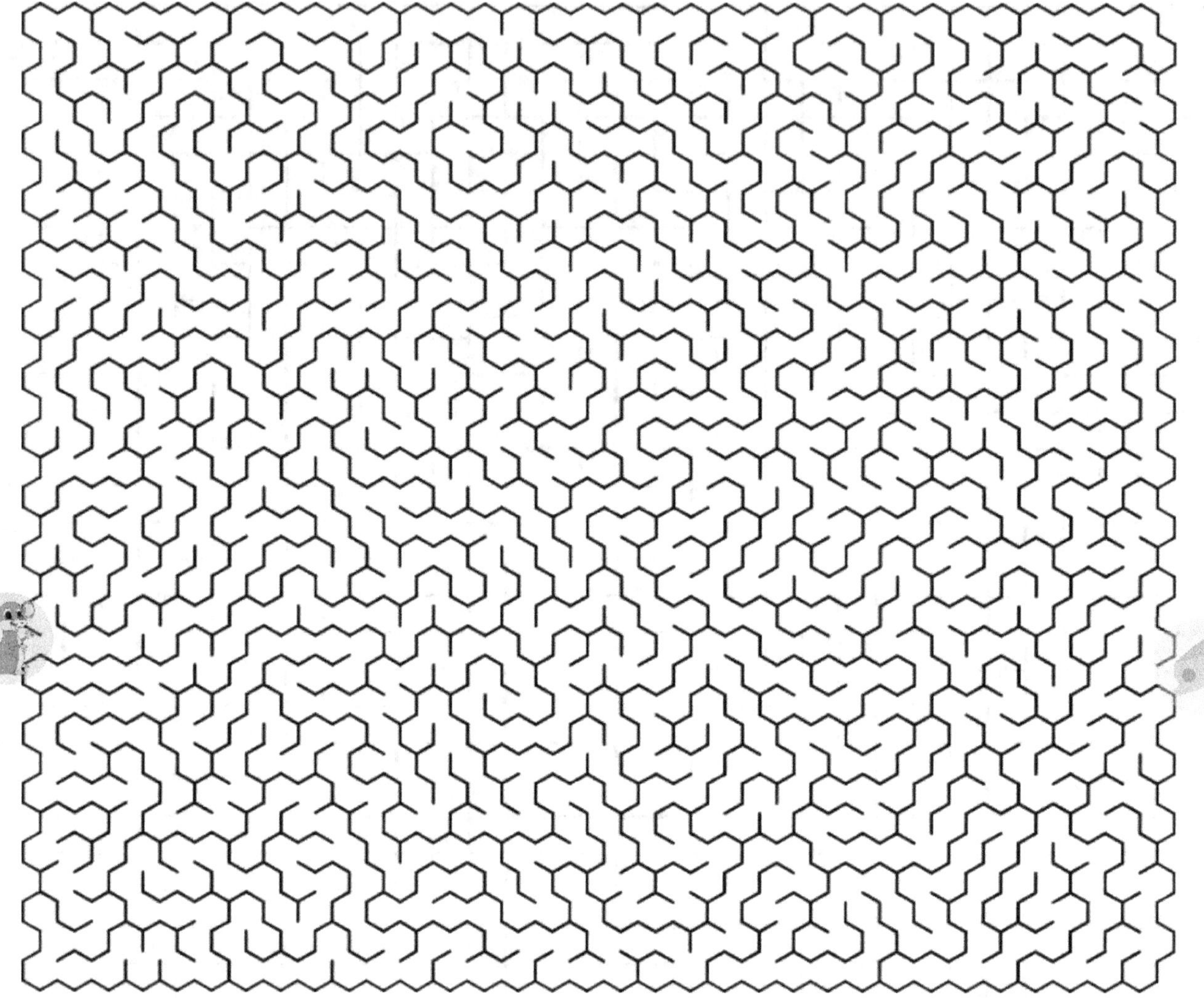

◀ <u>Puzzle 15</u> ▶

Difficulty: **We don't believe that you stand a chance to complete the puzzle in less than 5 minutes.**

You Don't Stand a Chance

4. Sudoku

Rules

To play Sudoku, completely fill in the empty cells in the grid with numbers from 1 to 9, making sure that each row, column, and 3x3 box contains all the digits from 1 to 9 and that no number is repeated within a row, column, or box. Use logic and the process of elimination to deduce the correct numbers for each cell.

Practice

Try the following puzzle for practice. It's easy (solution is provided in the back):

8	1		5	4	9	7		6
2	7	4		8				9
9	5			2	7		3	
7			6		1			5
4		5		9		1		2
	9			5			8	
	6		8	1			7	3
1		2		7	3	6	5	8
	8		4				9	1

Hint: the number in the grey cell in this Sudoku must be a 1, because that is the only place a 1 could fit in the box, given that there is already a 1 in columns 1 and 2 (from the left) and there is already a 1 in rows 4 and 5 (from the top).

◄ Puzzle 16 ►

Difficulty: Easy

4		7	9	2		8	1	
			8					
8		2						4
9	5		7	1			8	
6					9		7	3
	7							9
5		6	1		2		9	7
	1	3	4	9				8
2		9		3		4		

◄ Puzzle 17 ►

Difficulty: Easy

		6	7				1	5
	9				8	2	7	3
			1	5	3	4		
	7			3	6	1		4
			8		1	3		
8					9		5	
7					5		4	6
5	6		9	1		7		8
	2		6	8				1

◀ <u>Puzzle 18</u> ▶

Difficulty: Easy

5		1		4	9	8	6	
	9				5		2	
4		8		6	3			
2			9	8			4	6
7			6	1				8
				5			1	2
				9	8	6	3	
3		9		2		4		
8	4	7	5	3	6		9	1

◀ <u>Puzzle 19</u> ▶

Difficulty: Easy

	3		8		7			9
8			9		5			7
	9	7		4	2			
		9	7		3	4	8	1
	8		6	9				2
		5			8	9	6	
9				7	6	1	2	
					1	3	9	4
	4	8				6	7	

◀ Puzzle 20 ▶

Difficulty: Medium

	9		6				4	2
						1		
						9		
	1		7		6			
	5					8		
		9		1		7		
	8			5		6		
9	3						7	
		1			7		3	9

◀ Puzzle 21 ▶

Difficulty: Medium

	1	9		7		5		
		7			5			6
5		8	1					
					4		1	
			9		3	7		4
1		6					9	
	8	4	7			6		
		5			1	3		
9	7		3	2				8

◀ Puzzle 22 ▶

Difficulty: Medium

1	7	4			5	8		
5		6	8	7				
		3		9	1			
9			3	1	8		6	
7				6	9		8	4
						2	9	
	3			8	7	5	2	
	1	7			6	9		

◀ Puzzle 23 ▶

Difficulty: Medium

		7						
				1	6	4	8	7
	9				5			3
5	4							9
9		1	4	2				
				9	7	3		
		4	6			8		
	1	9		5			4	
6								1

◀ Puzzle 24 ▶

Difficulty: Hard

			8				2	
7								
		9			4			1
							6	
5							3	2
3		2			5	1		8
	3			6		2	9	
	2				9	7		6
				7	8			3

◀ Puzzle 25 ▶

Difficulty: Hard

			8		5			1
3								
						9		7
	9			4		8		
8		3			7			4
	1		9	8				
						6	3	9
7	6	2	1				5	
4	3		5					

◀ <u>Puzzle 26</u> ▶

Difficulty: Hard

5		3						
						7	5	
	9	6						1
8						1		
	6	5			3		2	8
			8	1		3		6
		1		6				
		9	4	5	8			
	5			3		8		

◀ <u>Puzzle 27</u> ▶

Difficulty: Hard

					3			1
			1	6	4			
9	7							
				4			9	
2				8			3	
		5		7		6		
	4					2		
	6		8	1				
				3		1	5	8

◀ Puzzle 28 ▶

Difficulty: Hard

			4				8	
		3		1			2	4
		9						6
2		7	9		4			
1			3				5	
				7				
			2		6			
					5			9
5	6		1					8

◀ Puzzle 29 ▶

Difficulty: Hard

		3			6			
		2		1	9	8		
4	5				7		1	
	3							9
				6		5		
		7		9	3	4		
			6		4		9	
9			5				2	
	4			2	8			6

◀ Puzzle 30 ▶

Difficulty: **We don't believe that you stand a chance to complete the puzzle in less than 10 minutes.**

							6					4	16		
							11								
12		2	4			15	3			7					
				13			2						7		
			14						15		7		9		
	3			5			16		13						4
4		13						11		12	3	1		14	16
									14		4				
		10		1	16										
	12						7			10	13				
		7	8	11	14					6				10	
						10									7
				8			10	14							2
	8	3	16	7											14
	7	12			11			6				3			8
				2						8			12	6	

5. Word Find

Rules

To play Word Find, search for words hidden in a grid of letters and highlight them. The word list is provided and can be arranged in any direction (horizontally, vertically, diagonally) and may be spelled forwards or backwards. can start by looking for the first word on the list in the grid. Once you have found all the words, you have completed the puzzle.

Practice

Try the following puzzle for practice. This one is easy (solution is provided in the back):

```
I  S  C  F  H  X  T  E  V  J
W  U  P  I  G  G  Y  C  R  Y
O  R  E  T  O  S  W  E  A  X
O  J  C  A  T  D  J  N  B  I
T  J  I  A  V  M  M  E  B  J
G  D  O  N  K  E  Y  X  I  K
N  O  M  V  U  I  J  C  T  A
W  G  R  Q  K  Q  U  T  Y  U
U  J  U  M  O  U  S  E  F  Z
C  N  S  Y  Z  J  A  O  G  X
```

Cat	Mouse
Dog	Pig
Donkey	Rabbit

Hint: "Donkey" and "Dog" both start in column 2 (from the left) and row 6 (from the top)

◀ <u>Puzzle 31</u> ▶

Difficulty: Easy

```
U  W  K  Q  L  H  I  R  G  P
Q  B  A  L  L  O  O  N  U  R
V  K  I  U  A  V  K  B  W  E
W  K  J  R  W  G  T  Z  O  S
C  K  Q  S  T  K  X  P  P  E
C  A  K  E  E  H  Z  G  A  N
V  V  N  E  M  D  T  R  T
V  M  E  D  B  E  Y  A  T  C
G  J  I  Z  L  R  K  D  Y  G
F  U  S  W  N  E  D  G  S  O
```

Birthday	Candle
Balloon	Party
Cake	Present

◀ Puzzle 32 ▶

Difficulty: Easy

```
R  M  N  O  R  I  E  P  T  E
D  F  U  F  L  O  W  E  R  X
M  K  L  I  P  B  S  N  E  G
M  D  N  G  U  M  D  W  E  D
P  R  B  U  S  H  J  H  U  G
Q  L  E  O  D  X  B  X  G  K
W  N  A  J  Y  P  Q  E  W  W
W  V  Y  N  R  F  Q  D  X  E
W  W  X  Y  T  K  V  I  N  E
J  G  B  M  S  Q  M  U  U  D
```

Bush	Tree
Flower	Vine
Plant	Weed

Puzzle 33

Difficulty: Medium

```
G  C  A  R  B  O  L  B  B  N  B  G  C  B  L
A  S  G  E  I  D  S  R  O  W  H  C  W  U  M
R  T  U  J  X  R  I  X  O  A  P  P  L  T  O
S  R  R  H  G  V  K  N  T  Q  T  K  A  K  T
V  U  L  B  I  C  Y  C  L  E  X  L  I  Y  O
T  C  I  U  P  D  B  L  Z  V  F  V  R  H  R
E  K  Z  S  Z  N  J  S  Y  B  G  F  P  F  C
C  A  P  W  L  V  T  Q  O  Y  L  S  L  A  Y
N  G  F  H  A  X  A  D  Z  T  M  Y  A  N  C
B  C  K  K  E  M  A  N  X  E  N  F  N  E  L
Y  T  R  A  I  N  S  Z  E  E  I  V  E  V  E
T  N  Q  J  W  V  K  L  T  I  N  J  T  W  Y
A  L  N  N  Z  P  D  G  W  C  V  N  H  X  Q
C  R  Q  O  X  H  I  T  R  A  C  T  O  R  I
Q  P  L  J  J  W  S  L  Y  S  M  N  I  Y  I
```

Airplane	Motorcycle
Bicycle	Tractor
Boat	Train
Bus	Truck
Car	Van

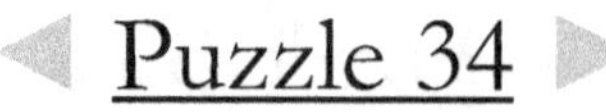 Puzzle 34

Difficulty: Medium

```
B  L  E  S  J  R  J  W  V  Q  E  S  C  V  G
P  S  F  R  C  A  R  Q  Z  U  K  A  X  I  W
Q  J  V  L  Q  G  B  P  L  O  U  O  N  O  C
K  I  S  W  U  N  R  S  E  V  F  Q  O  L  H
O  C  Q  N  E  T  I  E  B  J  P  F  U  I  U
K  V  A  D  O  X  E  Y  K  Q  C  U  Y  N  R
X  E  M  Y  Y  I  B  P  E  U  N  G  T  E  K
K  F  K  D  D  H  W  B  E  T  P  Y  Q  M  J
Y  U  E  L  R  V  X  F  G  U  I  T  A  R  C
F  D  S  P  U  L  S  W  B  V  A  K  F  Q  K
E  A  E  Q  M  N  X  C  C  H  N  M  C  U  J
U  W  W  T  S  A  X  O  P  H  O  N  E  J  H
Q  N  I  S  L  S  X  G  K  P  L  E  Q  Q  Q
F  M  G  S  Y  M  E  Z  O  U  Z  R  F  L  W
N  K  Q  F  B  T  X  C  U  T  L  U  J  O  Z
```

Drums	Piano
Flute	Saxophone
Guitar	Violin

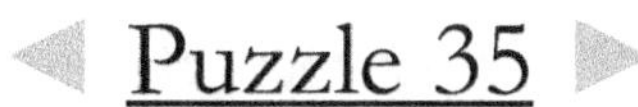 Puzzle 35

Difficulty: Medium

```
E  Z  M  F  T  B  I  B  Q  D  X  R  Y  N  S
M  B  M  F  S  J  R  I  N  B  Q  X  A  M  R
I  H  A  A  G  R  D  Q  C  X  R  S  T  W  M
T  Y  J  D  R  Q  L  D  L  W  Q  N  Y  Z  X
E  T  R  K  U  S  V  R  Z  G  U  A  R  D  C
A  A  G  W  A  U  H  J  T  V  E  N  U  S  K
R  T  N  E  P  T  U  N  E  C  R  K  C  Q  N
T  I  C  Y  A  A  K  S  O  Z  G  K  R  T  E
H  T  D  H  X  C  K  R  K  W  B  X  E  Y  P
J  Z  H  V  F  S  F  J  O  Q  O  Z  M  T  C
V  N  F  U  R  A  N  U  S  F  U  M  P  L  A
S  N  L  F  A  T  O  B  L  J  O  W  N  C  N
Z  T  B  U  J  U  P  I  T  E  R  P  D  R  U
V  L  R  M  M  R  C  Z  G  M  G  Q  W  K  S
A  M  E  O  M  N  U  S  S  H  A  S  H  U  N
```

Mercury	Jupiter
Venus	Saturn
Earth	Uranus
Mars	Neptune

 Puzzle 36

Difficulty: Medium

```
E  R  J  E  N  S  U  D  C  O  D  Z  K  U  C
E  I  C  Y  R  U  Y  Z  Y  A  N  F  P  M  O
R  N  R  E  A  X  Y  E  O  P  K  B  I  G  P
H  B  M  T  T  N  H  M  L  J  O  N  N  C  A
E  F  G  E  V  F  A  E  E  L  H  J  K  N  R
Y  R  D  A  U  B  L  U  E  D  O  S  I  T  I
Y  O  G  L  T  H  G  P  Y  V  T  W  E  W  V
I  B  N  O  W  E  N  U  R  U  I  U  G  E  I
S  U  R  Y  Y  O  U  N  E  W  L  P  F  G  O
L  Z  S  O  H  A  A  P  A  S  J  L  P  N  X
W  O  C  O  W  V  Y  P  E  P  Z  H  G  A  P
B  R  Z  S  X  N  L  F  I  P  A  G  H  R  F
T  P  D  C  H  W  G  R  E  E  N  P  E  O  V
J  E  K  L  I  X  D  O  U  U  O  W  H  V  L
R  Y  Q  C  J  D  C  A  Y  H  L  S  M  L  U
```

Blue	Pink
Brown	Red
Green	Teal
Orange	Yellow

 Puzzle 37

Difficulty: Medium

```
K  P  T  P  A  R  X  Z  G  V  B  X  N  M  W
O  P  O  L  O  A  A  G  E  G  W  T  E  A  B
I  V  J  F  O  T  P  Z  Y  R  Z  G  D  C  L
F  A  R  Y  G  W  R  P  D  A  M  V  W  V  U
A  W  M  K  I  W  I  J  L  P  S  X  M  Y  M
R  H  E  B  A  P  C  S  Y  E  S  P  A  F  G
W  S  M  T  T  F  O  B  Y  H  P  B  W  A  E
R  U  H  Y  T  U  T  R  C  P  K  B  W  E  H
F  H  J  J  E  I  O  V  A  A  E  B  M  M  V
K  P  P  D  F  M  U  G  A  N  B  B  U  S  E
Y  W  R  Q  E  E  U  I  X  D  G  L  B  P  J
C  W  S  M  G  U  V  I  Z  M  P  E  A  C  H
S  G  C  C  H  E  K  G  H  O  Y  M  K  U  H
E  B  A  N  A  N  A  E  A  X  J  N  M  K  O
S  L  N  J  E  O  K  Y  W  E  U  W  R  I  N
```

Apple	Kiwi
Apricot	Orange
Banana	Peach
Grape	Plum

Puzzle 38

Difficulty: Medium

```
N  S  O  U  T  V  A  N  D  Z  S  H  X  C  W
N  O  C  A  B  B  A  G  E  H  W  X  S  D  O
G  W  R  S  A  Y  E  V  C  C  X  K  E  Y  M
M  R  I  I  C  U  X  I  H  O  V  G  C  C  G
E  P  O  T  A  T  O  L  I  D  C  U  A  A  A
A  N  V  E  R  S  A  E  C  S  K  B  R  R  C
N  N  N  A  N  E  Z  O  C  L  M  U  R  O  G
A  T  E  M  T  B  L  L  E  T  P  C  O  H  D
E  M  D  D  A  U  B  F  O  A  O  H  T  A  T
Y  T  L  W  I  K  R  U  D  C  T  M  I  P  B
A  H  G  E  A  N  H  N  F  H  B  Y  T  L  E
L  H  S  T  Q  V  J  U  I  B  R  L  L  E  E
G  G  K  I  J  Y  Y  V  K  P  Q  H  E  A  T
X  R  L  E  T  T  U  C  E  G  S  L  M  H  I
J  N  U  A  K  N  W  E  V  O  W  B  K  D  F
```

Beet	Lettuce
Cabbage	Potato
Carrot	Turnip

 Puzzle 39

Difficulty: Medium

E	O	A	G	V	E	X	I	W	D	D	N	E	Y	D
W	N	I	D	Y	W	Y	J	Q	R	T	W	Q	L	D
G	F	D	A	V	E	R	E	O	P	G	Q	W	E	Z
H	A	M	H	Y	E	A	B	W	N	M	X	P	L	A
F	U	V	W	L	D	E	F	P	V	U	N	B	Y	M
B	W	E	W	L	R	Q	L	J	E	K	I	M	N	T
V	E	I	O	T	C	Y	V	T	D	M	A	D	E	Y
E	L	U	V	H	D	E	T	O	Z	F	K	E	K	K
T	L	T	A	F	A	P	A	U	L	A	O	H	H	O
T	E	N	R	A	U	P	A	P	L	O	A	U	Y	Q
B	N	G	A	L	B	F	I	I	G	P	L	S	R	L
K	C	G	G	K	J	E	R	C	J	I	E	I	A	B
G	S	U	U	N	U	O	P	A	G	S	G	B	M	O
R	O	C	I	S	L	N	K	K	S	T	N	X	O	G
D	J	I	O	E	M	Y	T	J	N	Y	A	E	R	V

Angela	Mary
Dave	Mike
Ellen	Paula
Lori	Robert

 Puzzle 40

Difficulty: Medium

```
B  M  E  W  Q  A  L  O  H  G  N  I  A  C  F
L  K  T  E  O  G  H  S  A  U  Q  S  L  V  L
L  L  F  T  E  N  N  I  S  S  O  L  D  L  D
L  L  G  A  L  U  B  I  R  O  J  D  A  Y  O
A  A  G  E  M  I  F  O  O  T  B  A  L  L  H
B  B  N  B  F  A  G  G  S  E  U  B  D  C  B
V  E  I  F  E  L  E  N  B  A  L  L  A  E  A
O  S  N  A  D  B  O  R  I  A  B  I  H  L  L
B  A  N  A  L  I  R  G  I  M  S  M  Y  S  L
A  B  U  O  B  U  N  A  C  E  M  E  A  H  I
L  I  R  U  Y  I  L  D  Y  H  J  I  C  B  G
S  R  A  I  L  H  O  C  K  E  Y  U  W  M  S
A  S  O  C  K  B  E  I  N  G  A  A  S  S  F
G  F  Y  I  L  L  A  B  T  E  K  S  A  B  T
B  C  N  O  K  A  L  L  I  N  O  T  L  G  E
```

Baseball	Hockey
Basketball	Running
Cycling	Squash
Football	Swimming
Golf	Tennis

◀ Puzzle 41 ▶

Difficulty: Hard – are you ready to give up?

```
I  R  M  A  M  P  I  V  C  V  D  R  U  U  V  R  V  S  L  A
E  N  D  Y  Y  C  H  R  D  S  U  D  C  E  S  G  E  G  O  O
Y  M  U  Z  E  G  V  D  N  M  N  P  Z  C  C  X  I  O  S  B
R  O  A  M  H  N  O  L  A  F  F  U  B  N  S  R  R  I  J  I
C  C  I  C  S  M  F  M  J  M  R  W  Y  L  A  O  W  L  E  J
O  D  H  H  T  V  O  O  G  D  X  G  F  F  V  J  Q  N  V  I
E  B  B  U  A  W  J  Y  G  R  D  Y  F  S  O  L  B  I  O  N
C  I  H  E  Y  O  W  F  I  T  O  E  O  C  Z  V  D  D  P  X
S  V  O  L  T  Y  B  A  B  O  O  N  J  H  W  E  R  H  P  Z
A  B  V  E  P  U  P  S  O  O  N  X  Z  T  B  M  A  N  I  I
D  E  Q  P  E  O  U  M  T  V  C  U  B  F  R  T  P  H  H  C
S  H  H  H  T  E  C  H  E  A  Y  H  K  S  N  S  O  B  H  R
E  R  G  A  Z  E  L  L  E  D  H  E  E  N  E  G  E  Z  W  H
A  E  I  N  B  V  T  M  A  M  D  Y  E  E  L  U  L  H  Z  I
G  N  L  T  A  P  D  R  O  I  G  P  T  X  T  L  G  J  G  N
T  R  E  T  R  D  B  L  T  T  I  W  Z  S  D  A  B  M  X  O
N  F  Q  H  T  E  B  E  H  Y  E  N  A  M  N  A  H  R  D  E
T  W  Z  F  Z  F  E  A  R  Q  P  O  V  A  Z  A  X  W  E  F
F  C  T  X  R  X  I  F  E  E  L  I  D  O  C  O  R  C  U  T
H  O  P  P  I  B  P  E  J  L  S  L  L  J  N  U  S  R  W  R
```

Baboon	Elephant	Hippo	Lion
Buffalo	Gazelle	Hyena	Rhino
Cheetah	Giraffe	Leopard	Zebra
Crocodile			

◀ Puzzle 42 ▶

Difficulty: Hard

```
R  H  L  W  A  S  H  S  O  J  P  X  B  M  O  G  E  S  A  N
O  W  W  M  F  S  G  C  N  I  N  N  E  J  K  U  Y  U  T  P
T  A  A  L  R  L  A  W  R  E  N  C  E  L  P  P  G  B  T  L
V  Y  S  V  F  V  B  A  D  N  U  R  B  V  O  O  A  J  E  M
U  P  Y  Z  C  Y  R  M  U  O  O  U  J  F  R  S  D  N  R  D
A  T  A  B  Y  I  G  N  D  R  L  T  D  I  M  O  A  U  O
Y  A  W  C  W  E  M  O  N  I  I  G  H  I  A  G  T  M  K  T
U  V  E  C  G  R  A  K  M  I  N  S  N  V  F  N  N  S  O  N
N  S  H  I  N  G  R  U  J  A  E  W  R  U  D  W  O  O  O  E
L  P  T  P  K  L  H  W  P  R  D  E  P  P  S  P  N  I  J  M
W  S  A  A  R  H  D  P  W  I  S  Y  K  P  D  M  I  H  F  L
K  M  H  T  L  O  N  A  C  D  K  U  Y  O  P  U  C  O  T  I
H  T  S  C  A  F  I  A  S  L  H  N  O  S  S  N  A  H  O  J
B  I  C  I  D  P  P  F  M  W  F  J  T  B  D  U  P  H  S  M
D  Q  D  K  N  R  Z  P  C  E  N  U  N  C  S  C  V  E  T  Y
M  L  G  T  I  I  S  E  N  U  E  E  B  O  T  X  F  Q  P  V
G  A  T  O  Z  Q  O  E  K  O  T  R  J  F  F  L  H  I  G  H
L  E  P  T  T  E  O  R  P  R  E  C  F  T  R  B  T  O  N  C
E  I  I  L  A  W  O  T  A  S  N  C  U  Y  U  T  H  A  F  A
N  O  T  G  N  I  H  S  A  W  G  A  V  R  A  B  F  Q  U  E
```

Damon	Freeman	Johansson	Pitt
Deniro	Gadot	Lawrence	Streep
Depp	Hatheway	Pacino	Washington
DiCaprio			

 Puzzle 43

Difficulty: Hard

```
G T L A Z F F M A W I O R V M U U W T Y
I Q F Q O C E N I T N E L A V Y A L F L
M Z P V Y A W T R E P Z V D U H T B K E
T N S L R N D Y L T R A E H U L R U V H
T N J S R V N S Q E W V O J T Z A V C S
Q S S Y I W P T S F O R V E L L O V E F
F R E L R K U Y I B A T V C U A K E N F
F O K I N T B Q B O N V V N I A D A L W
I P M A T F K B B E U S N O N H X O B A
C F C E K E E J F B H Z O T S Q P F Y E
R Z G T N O E N H B S C I K E E V W Q L
N V J I F W E W V M I W T O Y H R M V H
R Y G C S I H E S Z Z G C N V L T O K S
B U G I O P G N G U B D E T D E N N D V
T S N C I Y V V T A L H F N K E K E T A
L P Y P E Y N V C O F N F T W H I E R V
Y C H G Q G I U E I I X A F C M S E H O
F U P C Q T Q J F V E O S X J O L L F W
G C H O K F Y M F N M V I N R C F P X K
I G N V B D S G A I B Y C F A E L M E G
```

Adore	Kiss
Affection	Love
Gift	Rose
Heart	Sweetie
Hug	Valentine

◀ Puzzle 44 ▶

Difficulty: Hard

```
I  W  S  S  C  O  V  I  D  B  I  L  I  D  E  E  B  D  F  H
C  T  H  B  K  Z  I  L  Q  S  F  A  K  S  I  C  K  E  W  Y
V  L  F  I  U  K  O  T  Y  W  S  P  H  T  K  G  E  V  J  J
V  Q  I  Z  H  E  N  Z  P  Y  T  F  O  U  A  S  L  Y  G  P
W  S  H  N  A  E  L  J  O  T  K  U  S  E  D  X  O  A  P  I
G  H  L  B  I  E  Z  E  Z  M  Z  Q  P  X  G  P  W  R  B  E
E  V  F  T  L  C  C  T  C  E  I  B  I  E  O  M  W  X  Z  A
G  X  A  H  N  J  D  K  D  D  O  C  T  O  R  I  A  L  U  Y
Y  P  A  N  D  E  M  I  C  I  M  K  A  P  G  R  R  X  E  N
E  A  V  Z  G  F  U  I  Y  C  C  B  L  T  I  H  N  U  M  D
B  N  Z  Z  S  I  Z  U  J  I  Z  J  P  Z  S  E  R  P  E  W
A  O  D  N  C  H  C  F  N  N  O  F  U  B  U  J  I  S  R  R
L  W  R  M  U  J  R  A  J  E  H  I  T  L  J  W  Y  N  G  M
P  X  H  F  K  R  O  U  C  N  H  E  A  L  T  H  R  O  E  F
B  T  Q  I  U  R  S  U  Y  Q  W  E  A  V  U  N  U  G  N  O
I  M  J  D  X  D  M  E  W  Z  D  C  V  R  O  W  O  Y  C  G
U  Y  R  E  J  Z  D  L  N  Z  E  D  U  X  T  X  U  Q  Y  E
R  A  L  F  J  C  T  S  V  Z  T  Q  M  E  O  N  L  C  K  Q
W  E  H  W  C  I  S  U  R  G  E  O  N  F  J  L  F  Z  O  L
W  V  L  P  D  Y  S  F  X  K  B  A  B  E  B  O  P  V  L  S
```

Clinic	Flu	Medicine	Sick
Covid	Health	Nurse	Surgeon
Doctor	Heart	Pandemic	Ward
Emergency	Hospital	Patient	Xray

◀ <u>Puzzle 45</u> ▶

Difficulty: **We don't believe that you stand a chance to complete the puzzle in less than 10 minutes.**

```
D C U E C N E T S N E S C N E D J U O L
W E C D E F E N D Z Q E C N E T N E S A
T C E E E A N T U E S N E S E A L I J
C N B B S S O C O N V I C T E N Q C D A
E E T A C Q U I T P G T J P N I N K E L
J D E N T J M C C I K I R J T O O V K L
B I C K G T I R C T U M A N E N I P N L
O V V E S U R G G A L Q Y R E T T A B F
E E A C Q U I T T A L N T S R M I T A R
T O R C D X C D Y T M P O A C A T I S T
E N R T C O N V T C I A J L E S E T S T
C O A H J U R O R E D U J U T H P I Q P
N I I E S O S N B B N E S L A J D O U U
E T G L I T O E I S T R F W A U U N I R
S C G L W B A N K R R P T E A D K X T K
C E A O N S E N T E N E P Y N L H N V N
K J T I I Z C O B J E C T L Z D L T A A
P B P M I S T L A I R T S I M V A E K B
N O E H S N E T E C E N B A T T R N Y E
O J U R Y A R A I G N M N J A I R E T L
```

Acquittal	Battery	Jail	Objection
Accused	Convict	Juror	Opinion
Arraign	Defendant	Lawsuit	Petition
Bankrupt	Evidence	Mistrial	Sentence

6. Nurikabe

Rules

The puzzle is played within a grid of cells, some of which contain numbers. Cells are initially all of unknown color but can only be black or white. Two same-color cells are connected if they touch vertically or horizontally (but not diagonally). Connected white cells form islands and connected black cells form the sea. The object is to paint each cell black or white, given the following rules:

- Each numbered cell is an island cell and the number in it is the number of cells in that island
- Each island must contain exactly one numbered cell (i.e. not zero and not more than one)
- There must be only one sea
- The sea is not allowed to contain "pools", defined as 2×2 areas of black cells (i.e. no 2x2 area, anyway on the grid, can be all black)

Note, you can use a dot to note cells that are part of an island.

Practice

Try the following puzzle for practice. It's easy (solution is provided in the back):

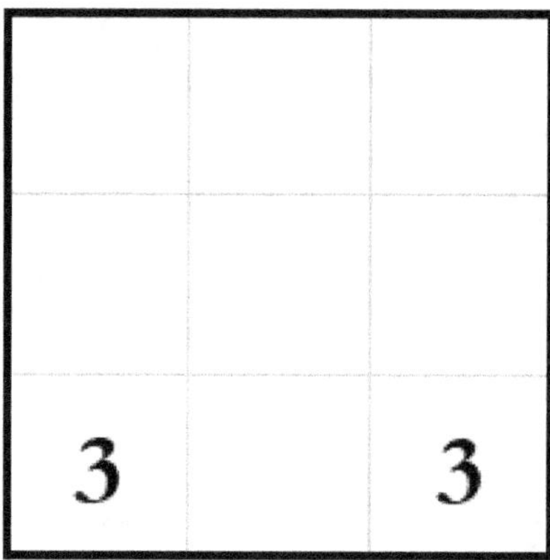

Hint: The cell between the two 3's couldn't possibly be part of the island, because that would mean that the island would have two numbers (not allowed)

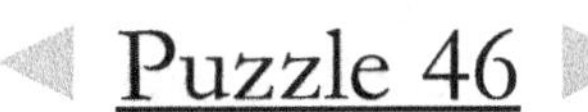

◄ Puzzle 46 ►

Difficulty: Easy

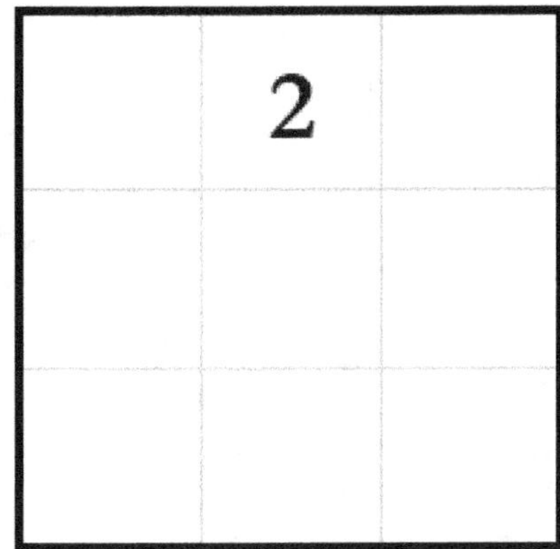

◄ Puzzle 47 ►

Difficulty: Easy

◀ Puzzle 48 ▶

Difficulty: Easy

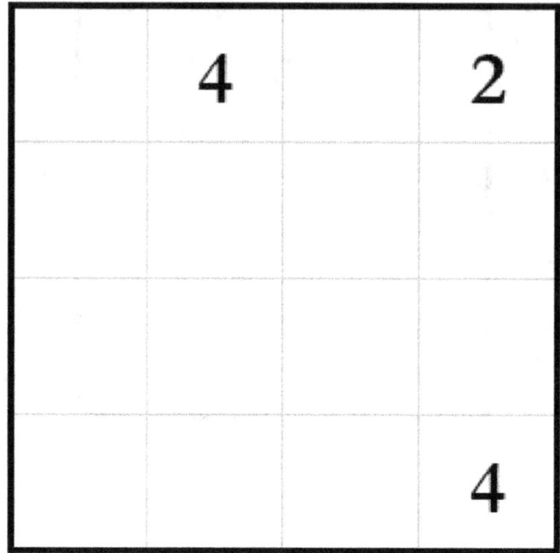

◀ Puzzle 49 ▶

Difficulty: Easy

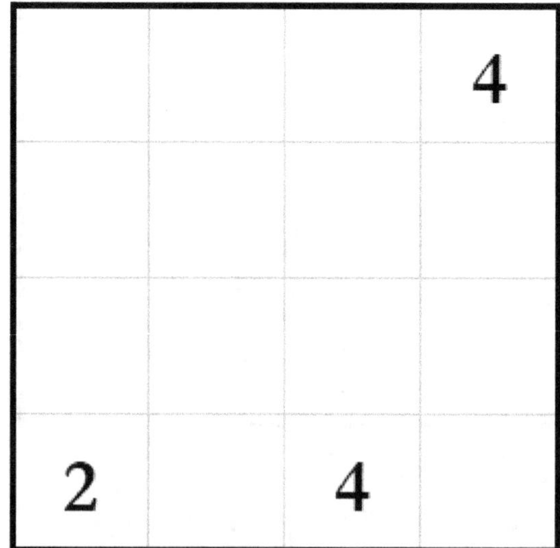

◀ <u>Puzzle 50</u> ▶

Difficulty: Easy

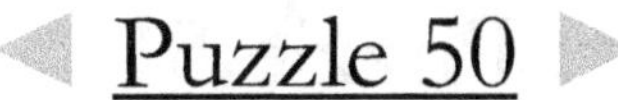

Puzzle 51

Difficulty: Medium

◀ Puzzle 52 ▶

Difficulty: Medium

 Puzzle 53 ▶

Difficulty: Medium

 Puzzle 54

Difficulty: Medium

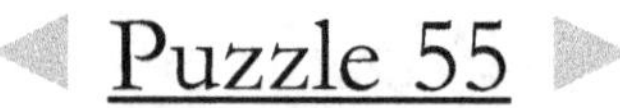 <u>Puzzle 55</u>

Difficulty: Medium

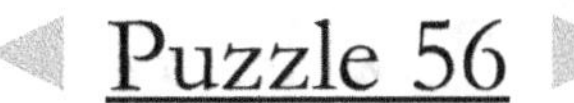

Puzzle 56

Difficulty: Hard

Puzzle 57

Difficulty: Hard

Puzzle 58

Difficulty: Hard

 Puzzle 59

Difficulty: Hard

◀ Puzzle 60 ▶

Difficulty: **We don't believe that you stand a chance to complete the puzzle in less than 10 minutes.**

2										3			
						2							2
1			3					2	3		2		
				2		3							
		2										3	
									2				
				3						3			
	2												
								2				1	
2													
		2				1					3		
	2				8			2	3			5	
		3						3					
2										2			
					2		3						

7. Kakuro

Rules

Each Kakuro puzzle consists of a blank grid with sum-clues in various places. The object is to fill all empty squares using numbers 1 to 9 so that the sum of each horizontal block equals the clue on its left, and the sum of each vertical block equals the clue on its top. In addition, no number may be used in the same block more than once.

Practice

Try the following puzzle for practice. It's easy (solution is provided in the back):

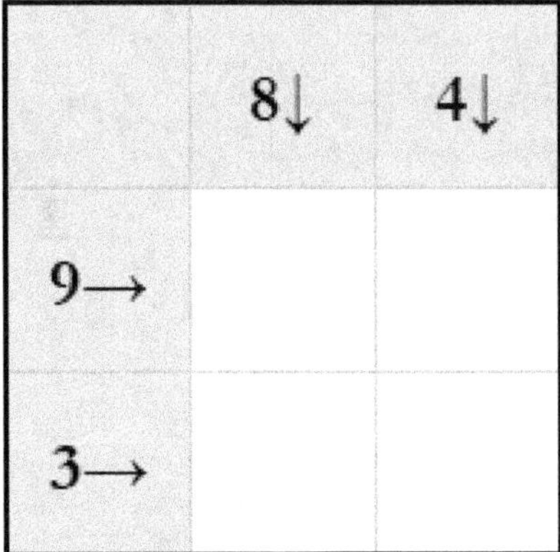

Hint: 4 = 2 + 2, 1 + 3, or 3 + 1. Two 2's isn't valid as per the rules and if the bottom number was 3, the other number on the bottom row would have to be zero, which isn't valid.

◄ Puzzle 61 ►

Difficulty: Easy

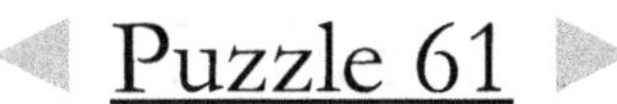

◄ Puzzle 62 ►

Difficulty: Easy

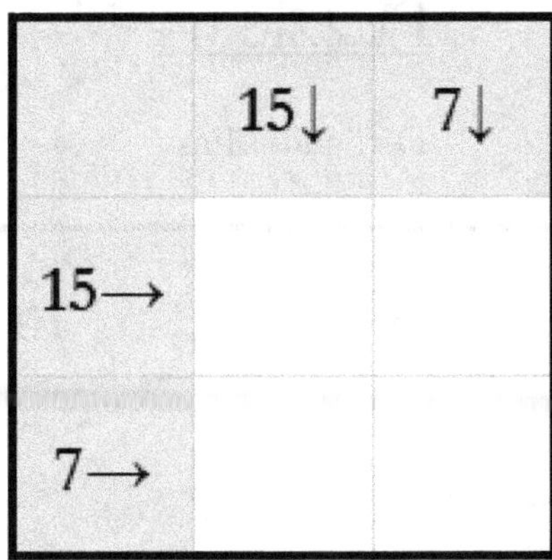

◀ Puzzle 63 ▶

Difficulty: Easy

	23↓	12↓	10↓
23→			
13→			
9→			

◀ Puzzle 64 ▶

Difficulty: Easy

	20↓	11↓	10↓
23→			
12→			
6→			

◀ Puzzle 65 ▶

Difficulty: Easy

16↓ 6↓

8→

11↓

20→

17↓

18→

17→

◀ Puzzle 66 ▶

Difficulty: Easy

24↓ 6↓

8→ 7↓ 8→
23↓

20→

24→

11→

◀ Puzzle 67 ▶

Difficulty: Medium

◀ Puzzle 68 ▶

Difficulty: Medium

◄ Puzzle 69 ►

Difficulty: Medium

◄ Puzzle 70 ►

Difficulty: Hard

	45↓	9↓		30↓	21↓	3↓	15↓	22↓	22↓
15→			25→ 20↓						
9→		22→ 28↓				14→ 29↓			
45→									
19→					18→ 11↓				2↓
6→			10→				8↓	2→ 6↓	
12→			25→ 4↓						21↓
12→				5↓	14→ 10↓			7→ 9↓	
9→			18→ 9↓				15→ 3↓		
24→						11→			

Puzzle 71

Difficulty: Hard

	7↓	38↓	2↓	35↓	20↓	26↓	23↓		
28→								2↓	
	5→ 9↓		31→ 11↓						12↓
36→							4→ 25↓		
19→				23→					
	2→ 23↓		6→ 26↓		3→ 18↓		4→		
32→							3→ 12↓		10↓
26→						20→ 10↓			
23→			20→ 1↓						
5→		4→		16→					

◀ Puzzle 72 ▶

Difficulty: Hard

	4↓	25↓	12↓	26↓	19↓	14↓		7↓	
29→							5→ 15↓		
	36→ 30↓								
10→			22→ 15↓					16↓	34↓
10→				13→ 30↓					
31→						2↓	7→		
35→							11→ 14↓		
1→		2→ 13↓		8→ 12↓		5→ 3↓		9→ 10↓	
11→			30→						
11→			25→						

◀ Puzzle 73 ▶

Difficulty: Hard

	29↓	12↓	6↓	9↓	37↓	17↓	6↓	18↓	
44→									23↓
10→			38↓	21→ 14↓					
9→		22→ 16↓					9→ 20↓		
27→						11→ 13↓			
34→								5→ 20↓	
17→				30→ 16↓					
	3↓	11→ 13↓				11→ 5↓			17↓
19→				15→ 1↓					
29→							9→		

◀ Puzzle 74 ▶

Difficulty: Hard

◄ Puzzle 75 ►

Difficulty: **We don't believe that you stand a chance to complete the puzzle in less than 5 minutes.**

8. Cryptogram

Rules

To solve a Cryptogram puzzle, you must decode the encrypted phrase. Each letter in the cryptogram represents a different letter in the solution. For example, if C was encoded as Q, A as W, and T as R, then QWR would be the encoded version of CAT.

You must figure out the encoding. Note that there is only one possible solution and that each letter cannot decode to itself (e.g. Y cannot represent Y).

Practice

Try the following puzzle for practice. It's easy (solution is provided in the back):

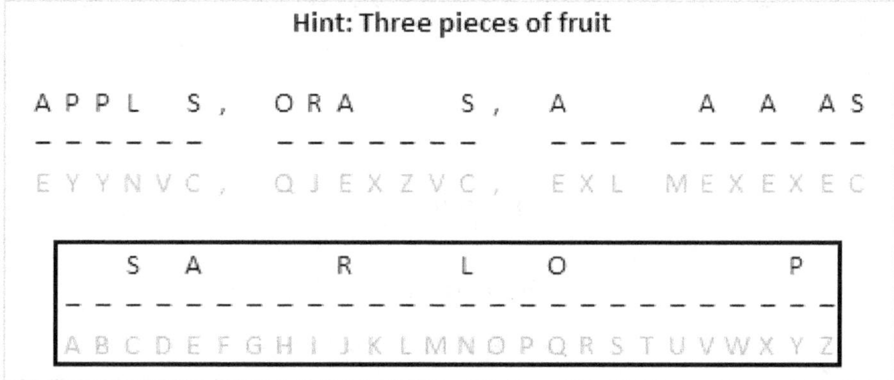

Hint: Pick out a word you think you know and solve the code for each letter. For example, you can probably guess that the first word is APPLES, meaning that you now know that E was encoded as V. Find all the other coded V letters and write E above them.

◀ Puzzle 76 ▶

Difficulty: Easy

Hint: Idiom about the weather

```
I T '     R A I   I   G     A T     A         O G
— —   —   — — — — — —     — — —     — — — —
Q L ' E   I H Q J Q J M   P H L E   H J U   U X M E
```

```
        A R     T G     I             O
— — — — — — — — — — — — — — — — — — — — — —
A B C D E F G H I J K L M N O P Q R S T U V W X Y Z
```

◀ Puzzle 77 ▶

Difficulty: Easy

Hint: Four animals

```
P H A N T ,   H   N A ,       A F F   ,   A N         N
— — — — — — — —   — — — —   — — — — — —   — — —   — — — —
A T A C K E M G ,   K J A M E ,   R U H E X X A ,   E M Q   T U I M
```

```
    P   A   T     H   N                   F
— — — — — — — — — — — — — — — — — — — — — —
A B C D E F G H I J K L M N O P Q R S T U V W X Y Z
```

◀ Puzzle 78 ▶

Difficulty: Easy

Hint: Six colours

```
    E ,      E D ,     E E N ,    E   W ,        K ,  W   E
- - - -    - - -    - - - - -    - - - - -    - - - - -    - - - - -
 I G E C ,   Q C M ,   O Q C C W ,   S C G G U Y ,   I G N V J ,   Y H D A C
```

```
    E        K    D              N  W
- - - - - - - - - - - - - - - - - - - - - - - - - -
A B C D E F G H I J K L M N O P Q R S T U V W X Y Z
```

◀ Puzzle 79 ▶

Difficulty: Easy

Phase: Nursery rhyme lyrics

```
T   L ,    T     L ,   L T T L   S T A ,   H O        O
- - - - - -    - - - - -    - - - - -    - - - -    - - -   -   - - - - -
A B C D E F G ,   A B C D E F G ,   F C A A F G   M A V R ,   O K B   C   B K D P G R
```

```
H A T    O   A
- - - -    - - -    - - -
B O V A   S K T   V R G
```

```
T     L      O  S  H          A
- - - - - - - - - - - - - - - - - - - - - - - - - -
A B C D E F G H I J K L M N O P Q R S T U V W X Y Z
```

◀ <u>Puzzle 80</u> ▶

Difficulty: Medium

Hint: Idiom about exaggeration

M A K   A M O   A   O   O   A M O L   L L

- - - - - -   -   - - - - - - -   - - -   - -   -   - - - - - - - -

L I F A G H   I   L E O G R I A G   E O R   E T   I   L E W U K A W W

O K   A   M   L

- -

A B C D E F G H I J K L M N O P Q R S T U V W X Y Z

◀ <u>Puzzle 81</u> ▶

Difficulty: Medium

Hint: Idiom about the weather

E   I   A I   ,   I   O U

- - - -   - -   - - - -   - -   - - - -

C T I H   O L   J U O H Q ,   O L   Y A E J Q

O   U   E   I   A

- -

A B C D E F G H I J K L M N O P Q R S T U V W X Y Z

◀ Puzzle 82 ▶

Difficulty: Medium

Phase: Quote from JFK

```
      S                           F   I L   M I S         L Y
_ _ _ _ _   _ _ _   _ _ _ _   _ _   _ _ _ _   _ _ _ _ _ _ _ _   _ _ _
M O E C A   I O E   K L T A   M E   Q L U W   V U C A T L Y W X   R L F

      I                   L Y
_ _ _ _ _ _   _ _ _ _ _ _
L R O U A G A   H T A L M W X
```

```
      S                               F       I M L Y
_ _ _ _ _ _ _ _ _ _ _ _ _ _ _ _ _ _ _ _ _ _ _ _ _ _ _ _ _
A B C D E F G H I J K L M N O P Q R S T U V W X Y Z
```

◀ Puzzle 83 ▶

Difficulty: Medium

Phase: Seven sports

```
B   B       ,           B       ,               B       ,   B       B       ,
_ _ _ _ _ _ _ ,   _ _ _ _ _ _ ,   _ _ _ _ _ _ _ ,   _ _ _ _ _ _ _ ,
C E K S C E N N ,   W P P U C E N N ,   L P N N S Z C E N N ,   C E K H S U C E N N ,

              B       ,               ,
_ _ _ _ _ _ _ _ _ ,   _ _ _ _ _ ,   _ _ _ _
B E G J T S U C E N N ,   O P G H S Z ,   X P N W
```

```
      B
_ _ _ _ _ _ _ _ _ _ _ _ _ _ _ _ _ _ _ _ _ _ _ _ _ _ _ _
A B C D E F G H I J K L M N O P Q R S T U V W X Y Z
```

Puzzle 84

Difficulty: Medium

Phase: Ten girls names

```
           ,        R Y ,           ,        Y ,                          ,
_ _ _ _ _     _ _ _ _    _ _ _ _ _    _ _ _    _ _ _ _ _ _ _ _ _
O F F O H ,   G U K M ,  R I R U H ,  U G M ,  O F A N U C O S Y ,

   R R    ,                    ,  R      C C  ,  R      ,      R
_ _ _ _ _    _ _ _ _ _ _    _ _ _ _ _ _    _ _ _ _    _ _ _ _
S O K K A ,  J U I F A H O ,  K O C O D D U ,  K E R O ,  R U K U Y
```

```
         C              R Y
_ _ _ _ _ _ _ _ _ _ _ _ _ _ _ _ _ _ _ _ _ _ _ _ _ _
A B C D E F G H I J K L M N O P Q R S T U V W X Y Z
```

Puzzle 85

Difficulty: Medium

Hint: Quote from Muhammad Ali & letters pair up (e.g. C = D and D = C)

```
D    '  C              D    S ,              D    S   C
_ _ _  _  _ _ _ _  _ _ _   _ _ _ _   _ _ _ _  _ _ _  _ _ _ _  _ _ _ _
C U H ' M  D U O H M  M N A  C E K R ,  T E Y A  M N A  C E K R  D U O H M
```

```
       D C                          S
_ _ _ _ _ _ _ _ _ _ _ _ _ _ _ _ _ _ _ _ _ _ _ _ _ _
A B C D E F G H I J K L M N O P Q R S T U V W X Y Z
```

 Puzzle 86

Difficulty: Medium

Hint: Quote from Mother Teresa

```
        O           E     E O    E ,    O        E    O        E
-- --- ----- -----    -- --- -- ---- -
K O    P R S   X S L D A   G A R G M A ,    P R S   T Y U A   Z R   Q K H A

   O    O  E      E
-- ---- ----
Q R   M R U A   Q T A H
```

```
E                                    O
- - - - - - - - - - - - - - - - - - - - - - - - - -
A B C D E F G H I J K L M N O P Q R S T U V W X Y Z
```

Puzzle 87

Difficulty: Hard

Hint: Quote from Mark Twain

```
            I                              I
------- --- ---- ------- -- --- ---- --
M N O S O W O T   Q E A   V U S F   Q E A T J O K V   E S   P N O   J U F O   E V

        I     ,   I   I    I
--- -------- -- -- ---- ---
P N O   G I H E T U P Q ,   U P   U J   P U G O   P E   L I A J O   I S F

------
T O V K O D P
```

```
                                    I
- - - - - - - - - - - - - - - - - - - - - - - - -
A B C D E F G H I J K L M N O P Q R S T U V W X Y Z
```

◀ <u>Puzzle 88</u> ▶

Difficulty: Hard

Hint: Quote from Alberta Einstein

```
I N    N I    :       I N                              I N                    N
_ _ _ _ _ _ _ _ :   _ _ _ _   _ _ _   _ _ _ _   _ _ _ _   _ _ _ _   _ _ _
E J W T J E N L :   P S E J V   N Q G   W T O G   N Q E J V   S U G X   T J P

                I N      N                   I N        I        N
_ _ _ _   _ _ _ _   _ _ _   _ _ _ _ _ _ _   _ _ _ _ _ _ _   _ _ _ _ _ _
S U G X   T V T E J   T J P   G K A G I N E J V   P E D D G X G J N   X G W Z F N W
```

```
              I      N
_ _ _ _ _ _ _ _ _ _ _ _ _ _ _ _ _ _ _ _ _ _ _ _ _ _
A B C D E F G H I J K L M N O P Q R S T U V W X Y Z
```

◀ <u>Puzzle 89</u> ▶

Difficulty: Hard

Hint: Quote from Nelson Mandela

```
                              Y
_ _ _   _ _ _ _ _ _   _ _ _ _ _   _ _   _ _ _ _ _   _ _ _ _   _ _ _   _ _
J G F   M N F L J F P J   M S T N Z   W X   S W U W X M   S W F P   X T J   W X

                     ,                                    Y
_ _ _ _ _   _ _ _ _ _ _ _ ,   _ _ _   _ _   _ _ _ _ _   _ _ _ _   _ _ _ _
X F U F N   K L S S W X M ,   Q R J   W X   N W P W X M   F U F N Z   J W H F

_ _   _ _ _ _
B F   K L S S
```

```
                                                            Y
_ _ _ _ _ _ _ _ _ _ _ _ _ _ _ _ _ _ _ _ _ _ _ _ _ _
A B C D E F G H I J K L M N O P Q R S T U V W X Y Z
```

◀ <u>Puzzle 90</u> ▶

Difficulty: **We don't believe that you stand a chance to complete the puzzle in less than 10 minutes.**

Hint: Quote by Harriet Tubman

_ _ _ _ _   _ _ _ _ _   _ _ _ _ _   _ _ _ _ _ _   _ _ _ _   _   _ _ _ _ _ _ _ .

A C A K F   J K A I H   L K A I N   P A J O Q R   S O H T   I   L K A I N A K .

_ _ _ _ _ _ ,   _ _ _ _   _ _ _ _   _ _ _ _ _ _   _ _ _   _ _ _

I W S I F R   K A N A N P A K ,   F U E   T I C A   S O H T O Q   F U E   H T A

_ _ _ _ _ _ _ ,   _ _ _   _ _ _ _ _ _ _ ,   _ _ _   _ _ _   _ _ _ _ _ _ _   _ _

R H K A Q J H T ,   H T A   X I H O A Q Z A ,   I Q L   H T A   X I R R O U Q   H U

_ _ _ _ _   _ _ _   _ _ _   _ _ _ _ _   _ _   _ _ _ _ _   _ _ _   _ _ _ _ _ .

K A I Z T   B U K   H T A   R H I K R   H U   Z T I Q J A   H T A   S U K W L .

_ _

A B C D E F G H I J K L M N O P Q R S T U V W X Y Z

9. Word Scramble

Rules

To complete Word Scramble, unscramble the letter of each word to make well known words.

Practice

Try the following puzzle for practice. It's easy (solution is provided in the back):

Colors

ERD _______________

KNIP _______________

LUBE _______________

ITHEW _______________

◀ Puzzle 91 ▶

Difficulty: Easy

Boy's Names

NOD _______________

ROCNON _______________

KIEM _______________

DRAB _______________

TRENB _______________

ROAM _______________

◀ Puzzle 92 ▶

Difficulty: Easy

Girl's Names

LALSY _______________

ARMY _______________

HENEL _______________

NITA _______________

LAPAU _______________

RAULA _______________

◀ <u>Puzzle 93</u> ▶

Difficulty: Easy

Things in the Sky

DOCLU   _____________

PANEL   _____________

DIRB   _____________

INAR   _____________

UNS   _____________

MONO   _____________

◀ <u>Puzzle 94</u> ▶

Difficulty: Easy

Birds

LOW   _____________

RAPTOR   _____________

VANER   _____________

ROWRAPS   _____________

JYA   _____________

OHREN   _____________

◀ <u>Puzzle 95</u> ▶

Difficulty: Easy

Parts of a House

ORFO	______________
RODO	______________
DOWWIN	______________
MINCHEY	______________
LOFOR	______________
TRAISS	______________

◀ <u>Puzzle 96</u> ▶

Difficulty: Medium

Professions

ROCDOT	______________
MUBRELP	______________
REENGINE	______________
CHREATE	______________
STINTED	______________
RUNSE	______________
GAMANER	______________
PREANIT	______________

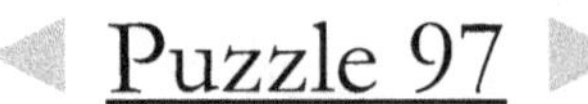 # Puzzle 97

Difficulty: Medium

Animals

VERABE   ______________

XYNL   ______________

NYMOKE   ______________

CONOCAR   ______________

FLOW   ______________

REBA   ______________

FLUBOFA   ______________

ESOMO   ______________

Puzzle 98

Difficulty: Medium

Vehicles

LOYRELT   ______________

BACLE ARC   ______________

CROTTAR   ______________

WOWPLONS   ______________

PASCE PHIS   ______________

CERKOT   ______________

BAULMENCA   ______________

KANT   ______________

◀ Puzzle 99 ▶

Difficulty: Medium

Furniture

BLEAT	____________
HUCCO	____________
BOCDRAUP	____________
NOUFT	____________
CRINELER	____________
SOFTOLOTO	____________
DERRESS	____________
BOSHKOFEL	____________

◀ Puzzle 100 ▶

Difficulty: Medium

Sports

ALLSABBE	__________
STEAKBLABL	__________
ICCNGLY	__________
TBOOLLAF	__________
FLOG	__________
CHOYKE	__________
GINNURN	__________
SUQHAS	__________
MMINWIGS	__________
SENNIT	__________

◀ <u>Puzzle 101</u> ▶

Difficulty: Hard

Computer

O S U M E	______________
M I T R O O N	______________
S C R O O P E R S	______________
C H A R P I G S	______________
B A Y D O R K E	______________
S K O D T E P	______________
T E R N N I T E	______________
W H A R D E R A	______________
G R A P R O M	______________
G I N T O P E R A M Y S T E S	______________

◀ <u>Puzzle 102</u> ▶

Difficulty: Hard

Great Outdoors

G L I A F O E	______________
T A I M O N U N	______________
M A W D O E	______________
Z I N R O O H	______________
S W E R D L I N E S	______________
R O F T E R I N A S	______________
C O V A L O N	______________
S T A R E M	______________
P L A C E S A N D	______________
A C A N H A L V E	______________

◀ Puzzle 103 ▶

Difficulty: Hard

Strange Creatures

SHOBBFIL ____________

TAPPYSUL ____________

CHADINE ____________

ANOPLING ____________

CROOPBISS KOMNYE ____________

BRIFTIDAGER ____________

SHOLT ____________

ACIDTOUNIM ____________

MINATANAS VILED ____________

YOWACRASS ____________

◀ Puzzle 104 ▶

Difficulty: Hard

Cities

NOBUSE RAISE ____________

HACKARI ____________

MALENORT ____________

EDILLMEN ____________

WATOTA ____________

BILASARI ____________

BROMULEEN ____________

GRABALONE ____________

GRUJENNABOSH ____________

AJAGARADALU ____________

◀ <u>Puzzle 105</u> ▶

Difficulty: **We don't believe that you stand a chance to complete the puzzle in less than 10 minutes.**

Science	
GLOOOYZ	__________
CCEEIILRTTY	__________
ACHIOPRSSSTY	__________
ACCEHILM	__________
EEEIMNPRTX	__________
CEEGINST	__________
EHHIOPSSTY	__________
AABLOORRTY	__________
GILMMNOOUY	__________
EEGLMOOORTY	__________
CEEELOPST	__________
ACGIILLMOOSTT	__________

You Don't Stand a Chance

10. Number Sums

Rules

The object of Number Sum puzzles is to fill in the blank cells with numbers so that the following is true:

- The numbers in each row add up to totals to the right
- The numbers in each column add up to the totals along the bottom
- The diagonal lines also add up the totals to the right (with smaller font)

Only integers between the values indicated on each puzzle are allowed. Numbers can repeat on any given row, column, or diagonal.

Practice

Try the following puzzle for practice. It's easy (solution is provided in the back):

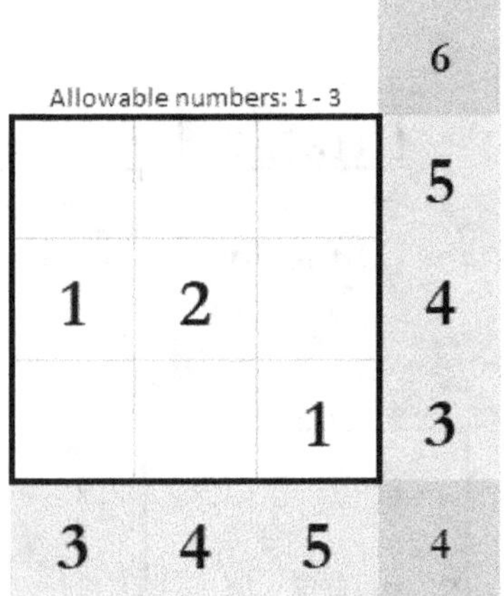

Hint: The second row should be easy – you just need to figure out the equation: 1 + 2 + __ = 4. For the third row, think about what three integers between 1 and 3 add up to 3.

◀ <u>Puzzle 106</u> ▶

Difficulty: Easy

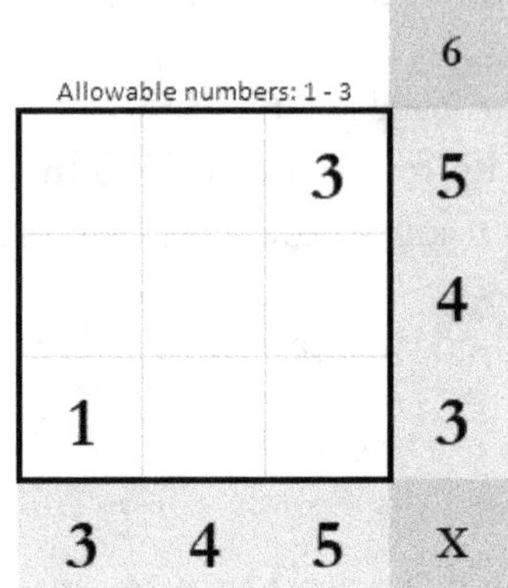

◀ <u>Puzzle 107</u> ▶

Difficulty: Easy

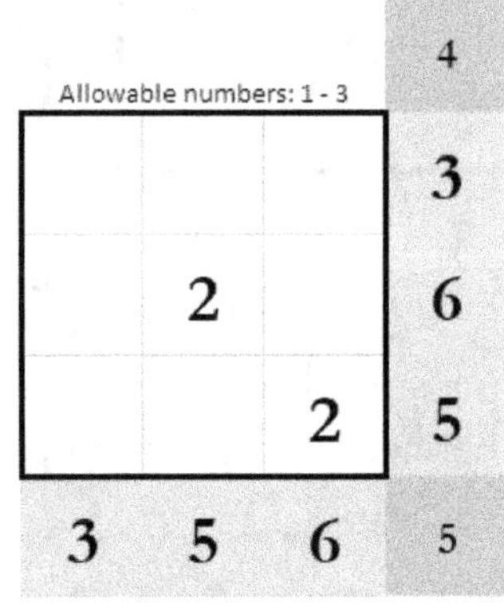

◀ Puzzle 108 ▶

Difficulty: Easy

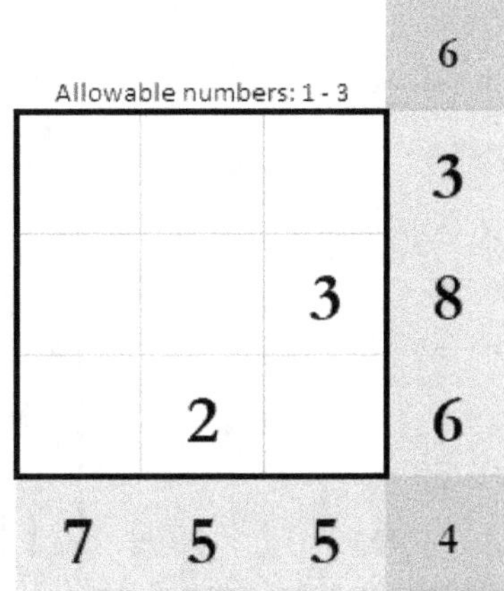

◀ Puzzle 109 ▶

Difficulty: Easy

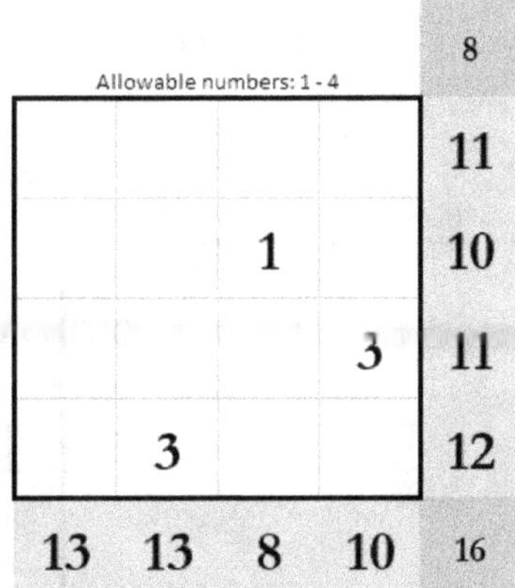

◀ Puzzle 110 ▶

Difficulty: Easy

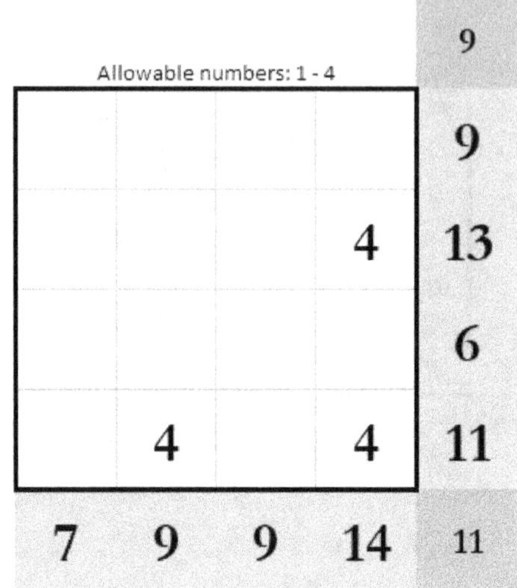

◀ Puzzle 111 ▶

Difficulty: Medium

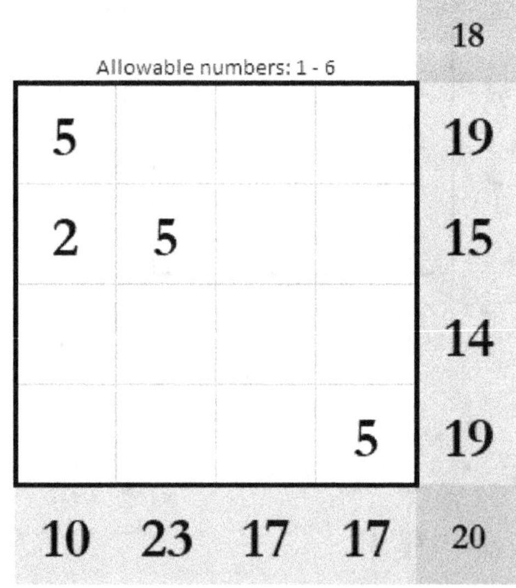

◀ <u>Puzzle 112</u> ▶

Difficulty: Medium

Allowable numbers: 1 - 3

					9
	2			3	8
	2				11
		1		2	6
					12
2			2		12
10	9	11	7	12	9

◀ <u>Puzzle 113</u> ▶

Difficulty: Medium

Allowable numbers: 1 - 4

					10
	4		4	4	16
	2				12
		3	1		12
					9
	4	3			13
11	12	13	9	17	13

◀ Puzzle 114 ▶

Difficulty: Medium

Allowable numbers: 1, 3, 4, 5

					20
4			4	4	22
		5			18
		3	3	1	17
	4		5		19
					17
21	18	21	21	12	14

◀ Puzzle 115 ▶

Difficulty: Hard

Allowable numbers: 1 - 5

					14
1	5				13
				4	14
		3	2	3	17
		4			18
	4			1	17
13	22	17	16	11	14

◀ <u>Puzzle 116</u> ▶

Difficulty: Hard

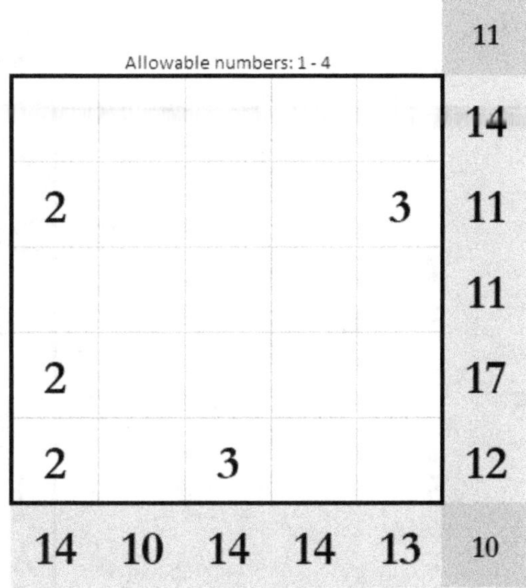

Grid (Puzzle 116) — right-edge clues top to bottom: 16, 10, 16, 19, 14, 14; bottom-edge clues left to right: 11, 16, 17, 17, 12, 13.

2	2		4	
3				
4		5		
			2	

◀ <u>Puzzle 117</u> ▶

Difficulty: Hard

Grid (Puzzle 117) — right-edge clues top to bottom: 11, 14, 11, 11, 17, 12; bottom-edge clues left to right: 14, 10, 14, 14, 13, 10.

2				3
2				
2		3		

◀ Puzzle 118 ▶

Difficulty: Hard

Allowable numbers: 1 - 4

						10
	4					9
	2					18
		2				18
	2		3			12
				4		13
2				1	2	14
13	11	14	19	13	14	14

◀ Puzzle 119 ▶

Difficulty: Hard

Allowable numbers: 1 - 6

						22
	3	2	3			22
			1	3	2	24
	5	6				22
5					2	16
	5		3	1		13
		6		4		23
25	29	23	12	16	15	22

◀ <u>Puzzle 120</u> ▶

Difficulty: **We don't believe that you stand a chance to complete the puzzle in less than 10 minutes.**

Allowable numbers: 1 - 4

								22
	3				4		3	21
	3							18
4			3	4	1		1	20
	4		2					23
4					1			18
		3		4				27
4	4					3		23
			2				4	19
28	21	17	23	19	16	23	22	19

12. Suguru

Rules

Suguru puzzles contain cells that are divided into containers (i.e. separate boxes of irregular shapes). The game has two simple rules:

- Each container has the numbers 1 to n, where n is the number of cells in the container (e.g. a container with 4 cells will contain exactly one 1, one 2, one 3, and one 4)
- No two adjacent cells (horizontal, vertical, or diagonal), can contain the same number

Practice

Try the following puzzle for practice. It's easy (solution is provided in the back):

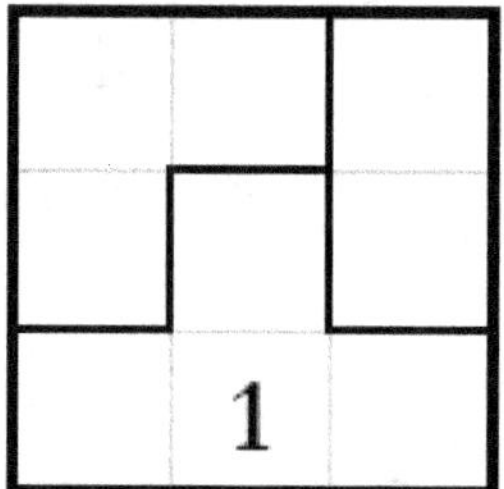

Hint: The top right shape can't have a 1 at the bottom, because it would be adjacent to the 1 in the bottom shape.

◀ Puzzle 121 ▶

Difficulty: Easy

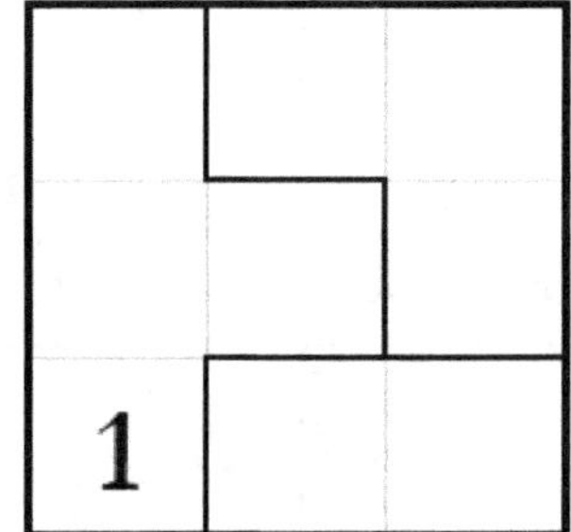

◀ Puzzle 122 ▶

Difficulty: Easy

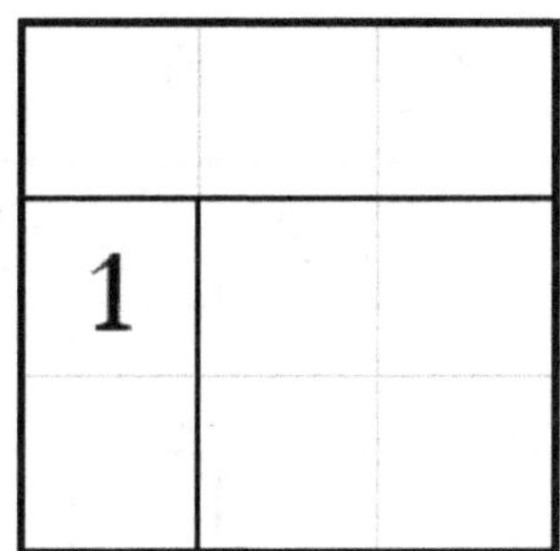

◀ Puzzle 123 ▶

Difficulty: Easy

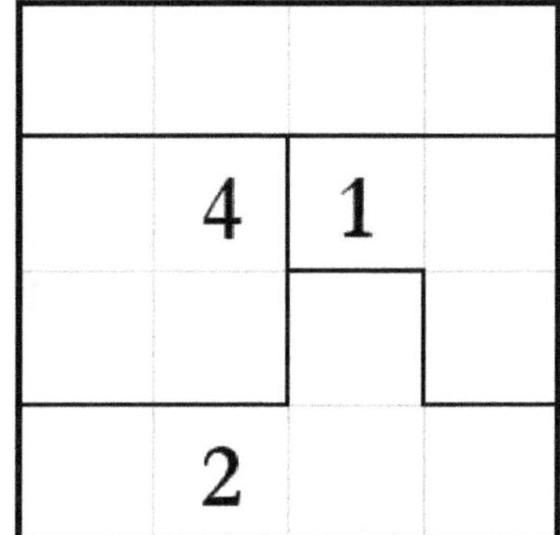

◀ <u>Puzzle 124</u> ▶

Difficulty: Easy

3	1	2	4
	4	3	

◀ <u>Puzzle 125</u> ▶

Difficulty: Easy

1		3		5
	3		3	
		2		

◀ Puzzle 126 ▶

Difficulty: Medium

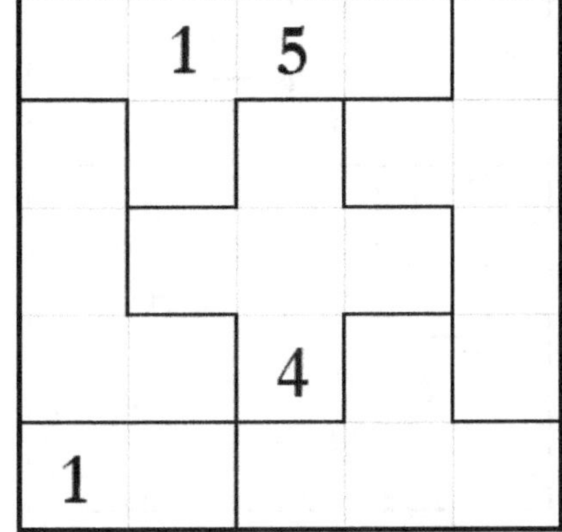

◀ Puzzle 127 ▶

Difficulty: Medium

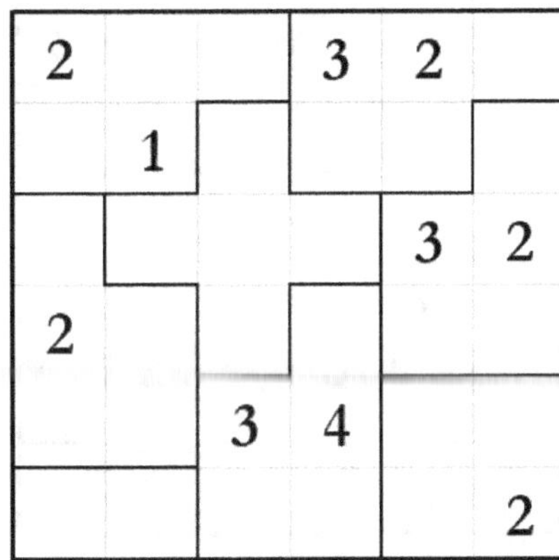

◀ Puzzle 128 ▶

Difficulty: Medium

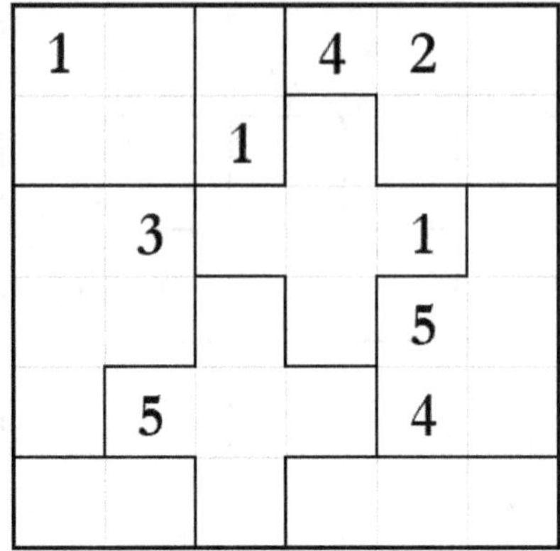

◀ Puzzle 129 ▶

Difficulty: Medium

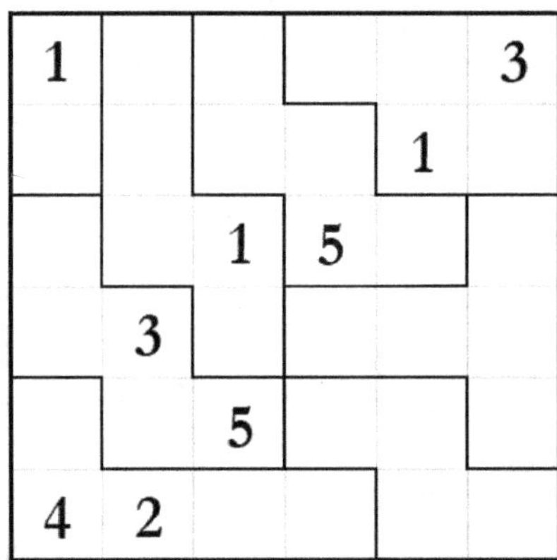

◀ Puzzle 130 ▶

Difficulty: Hard

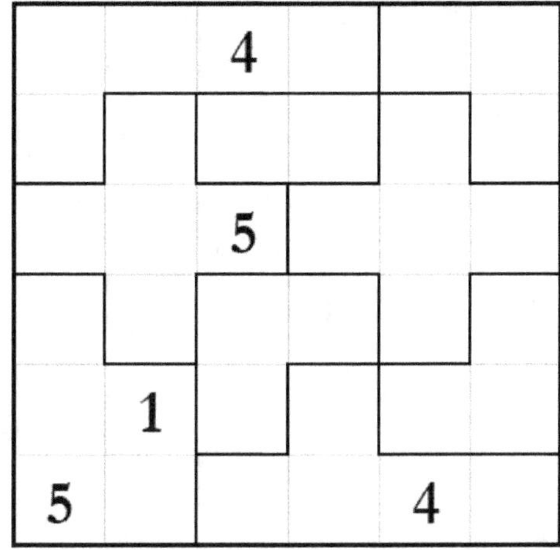

◀ Puzzle 131 ▶

Difficulty: Hard

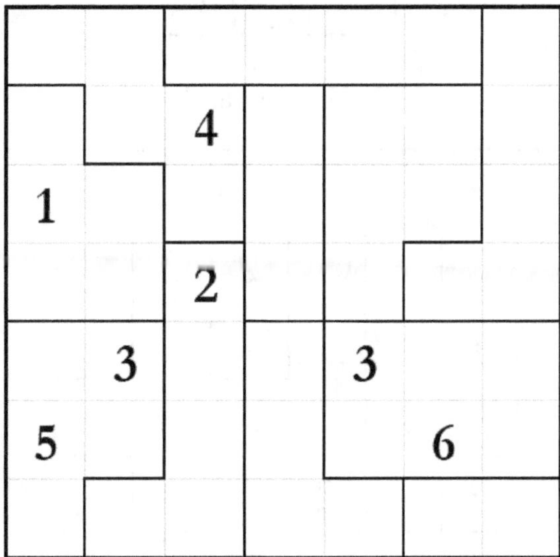

◀ Puzzle 132 ▶

Difficulty: Hard

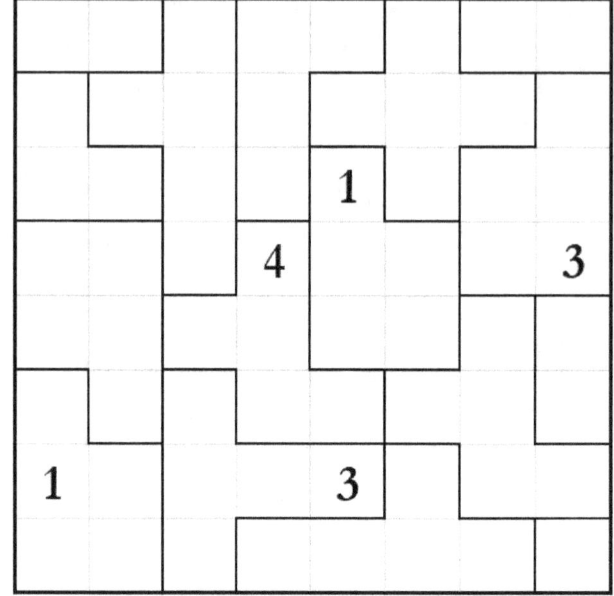

◀ Puzzle 133 ▶

Difficulty: Hard

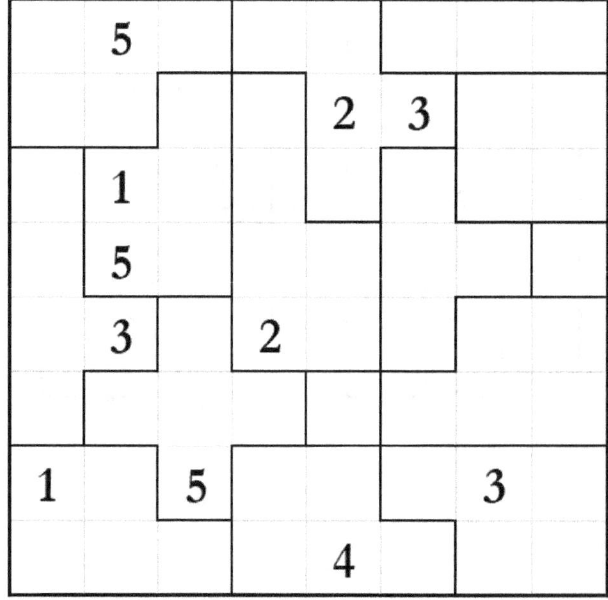

◀ <u>Puzzle 134</u> ▶

Difficulty: Hard

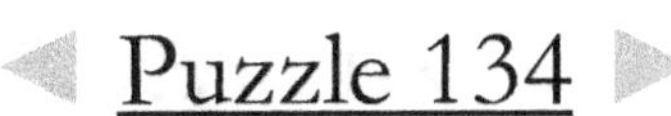

◀ Puzzle 135 ▶

Difficulty: **We don't believe that you stand a chance to complete the puzzle in less than 10 minutes.**

You Don't Stand a Chance

13. Solutions

Maze Practice Solution

Sudoku Practice Solution

8	1	3	5	4	9	7	2	6
2	7	4	3	8	6	5	1	9
9	5	6	1	2	7	8	3	4
7	2	8	6	3	1	9	4	5
4	3	5	7	9	8	1	6	2
6	9	1	2	5	4	3	8	7
5	6	9	8	1	2	4	7	3
1	4	2	9	7	3	6	5	8
3	8	7	4	6	5	2	9	1

Word Find Practice Solution

I	S	C	F	H	X	T	E	V	J
W	U	P	I	G	G	Y	C	R	Y
O	R	E	T	O	S	W	E	A	X
O	J	C	A	T	D	J	N	B	I
T	J	I	A	V	M	M	E	B	J
G	D	O	N	K	E	Y	X	I	K
N	O	M	V	U	I	J	C	T	A
W	G	R	Q	K	Q	U	T	Y	U
U	J	U	M	O	U	S	E	F	Z
C	N	S	Y	Z	J	A	O	G	X

Nurikabe Practice Solution

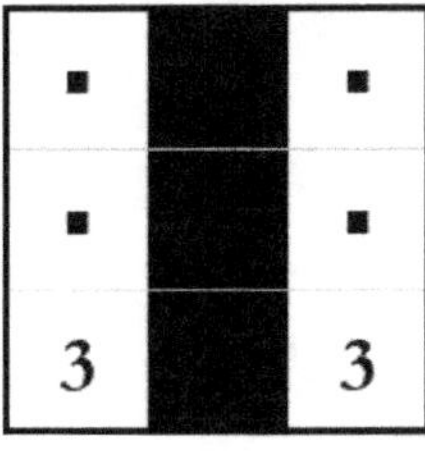

Kukuro Practice Solution

	8↓	4↓
9→	6	3
3→	2	1

Cryptogram Practice Solution

APPLES, ORANGES, AND BANANAS
- - - - - -   - - - - - - -   - - -   - - - - - - -
EVYNVC,   QJEXZVC,   EXL   MEXEXEC

| S A | R D B L | O | E N P G |
A B C D E F G H I J K L M N O P Q R S T U V W X Y Z

Word Scramble Practice Solution

ERD	__________	RED
KNIP	__________	PINK
LUBE	__________	BLUE
ITHEW	__________	WHITE

Number Sum Practice Solution

Allowable numbers: 1 - 3

			6
1	1	3	5
1	2	1	4
1	1	1	3
3	4	5	4

Star Finder Practice Solution

1	2	1
★	1	★

Suguru Practice Solution

1	3	1
2	4	2
3	1	2

Puzzle 1 Solution

Puzzle 2 Solution

Puzzle 3 Solution

Puzzle 4 Solution

Puzzle 5 Solution

Puzzle 6 Solution

Puzzle 7 Solution
Puzzle 8 Solution
Puzzle 9 Solution
Puzzle 10 Solution

Puzzle 11 Solution

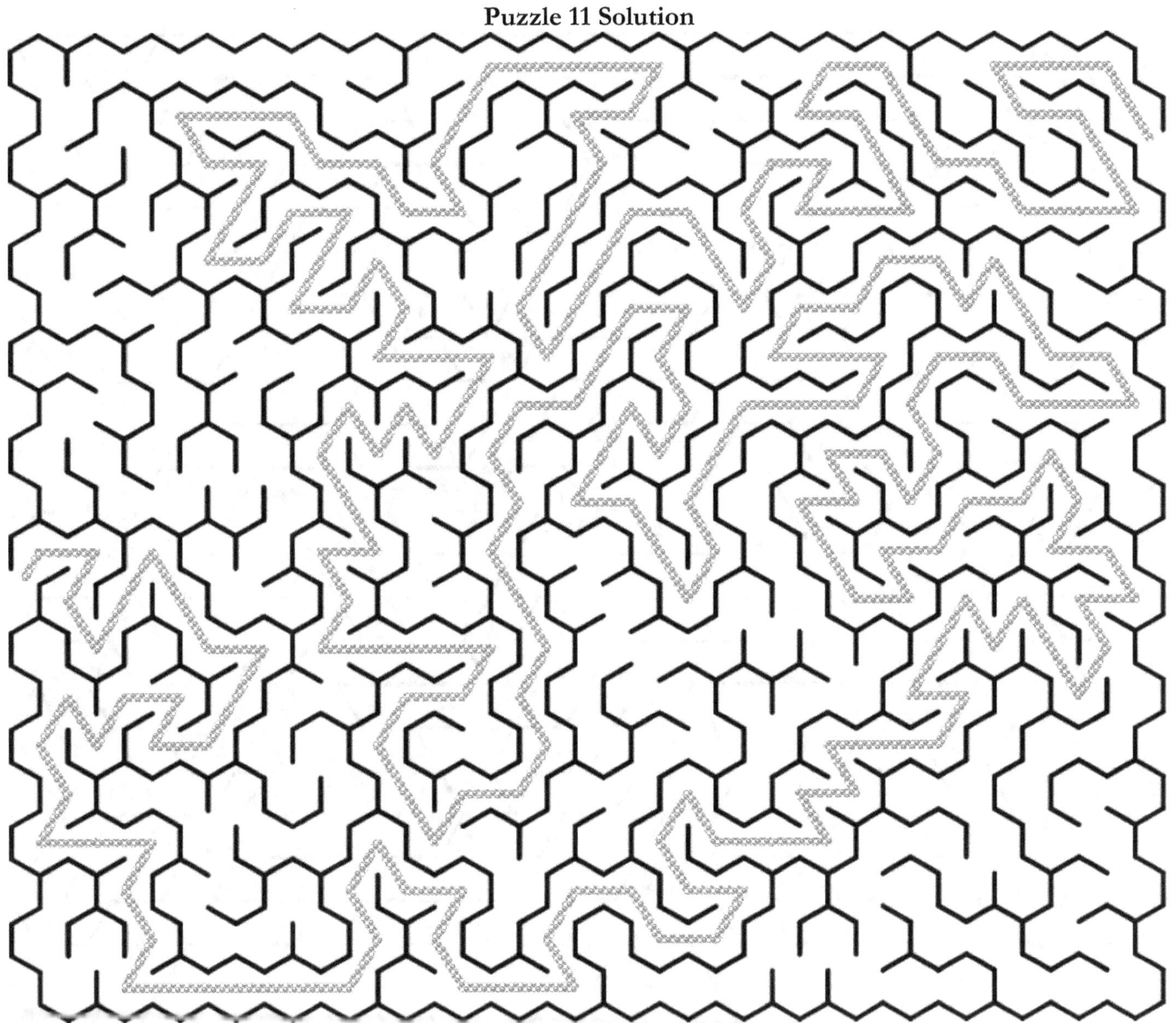

Puzzle 12 Solution

Puzzle 13 Solution

Puzzle 14 Solution

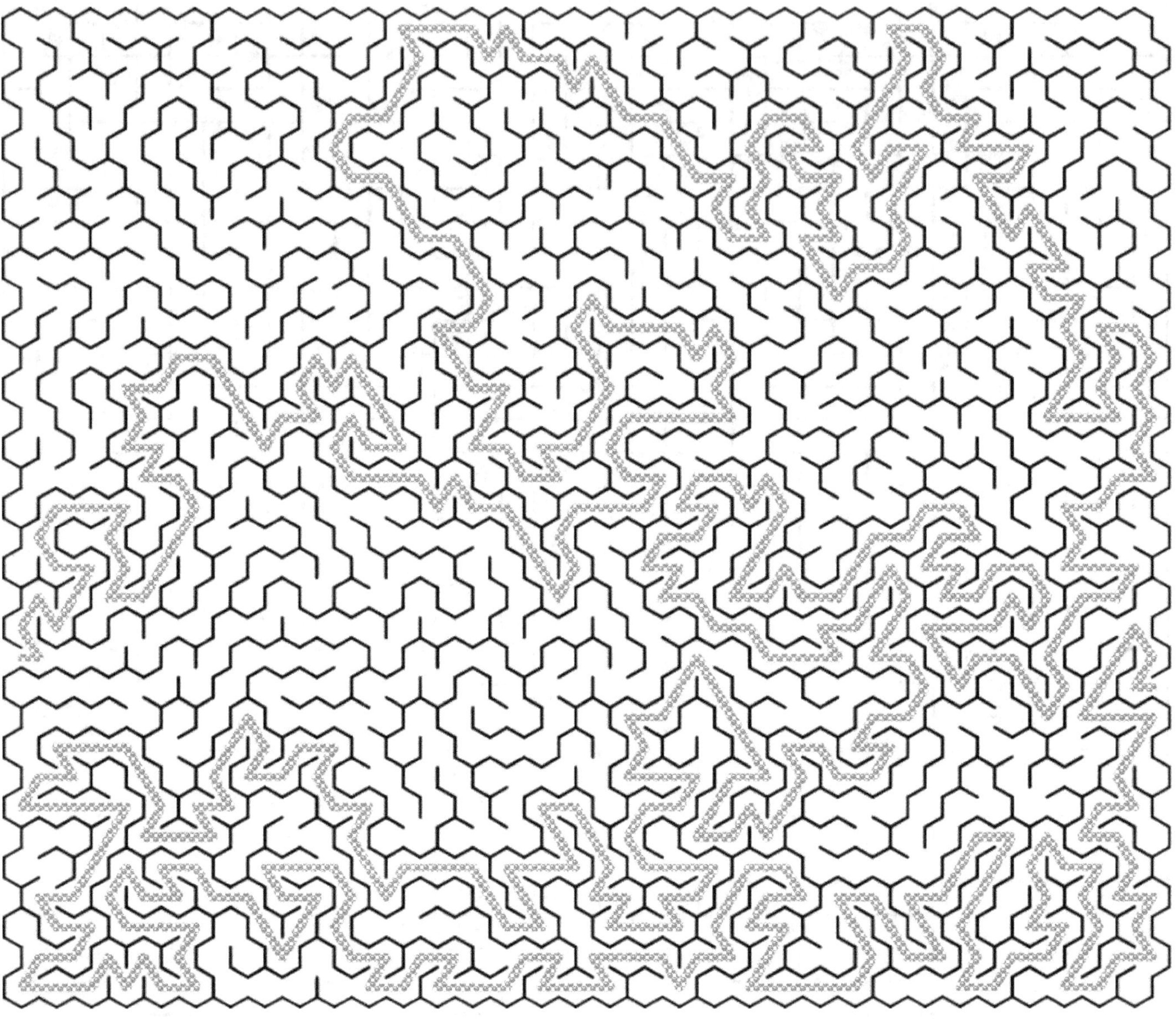

Puzzle 15 Solution

This is tough to read, but do your best to follow the lines

Puzzle 16 Solution

4	3	7	9	2	6	8	1	5
1	6	5	8	7	4	9	3	2
8	9	2	3	5	1	7	6	4
9	5	4	7	1	3	2	8	6
6	2	8	5	4	9	1	7	3
3	7	1	2	6	8	5	4	9
5	4	6	1	8	2	3	9	7
7	1	3	4	9	5	6	2	8
2	8	9	6	3	7	4	5	1

Puzzle 17 Solution

3	4	6	7	9	2	8	1	5
1	9	5	4	6	8	2	7	3
2	8	7	1	5	3	4	6	9
9	7	2	5	3	6	1	8	4
6	5	4	8	7	1	3	9	2
8	3	1	2	4	9	6	5	7
7	1	8	3	2	5	9	4	6
5	6	3	9	1	4	7	2	8
4	2	9	6	8	7	5	3	1

Puzzle 18 Solution

5	7	1	2	4	9	8	6	3
6	9	3	8	7	5	1	2	4
4	2	8	1	6	3	5	7	9
2	1	5	9	8	7	3	4	6
7	3	4	6	1	2	9	5	8
9	8	6	3	5	4	7	1	2
1	5	2	4	9	8	6	3	7
3	6	9	7	2	1	4	8	5
8	4	7	5	3	6	2	9	1

Puzzle 19 Solution

2	3	4	8	6	7	5	1	9
8	1	6	9	3	5	2	4	7
5	9	7	1	4	2	8	3	6
6	2	9	7	5	3	4	8	1
3	8	1	6	9	4	7	5	2
4	7	5	2	1	8	9	6	3
9	5	3	4	7	6	1	2	8
7	6	2	5	8	1	3	9	4
1	4	8	3	2	9	6	7	5

Puzzle 20 Solution

8	9	5	6	7	1	3	4	2
2	4	6	3	9	5	1	8	7
1	7	3	8	4	2	9	5	6
4	1	8	7	3	6	2	9	5
6	5	7	4	2	9	8	1	3
3	2	9	5	1	8	7	6	4
7	8	4	9	5	3	6	2	1
9	3	2	1	6	4	5	7	8
5	6	1	2	8	7	4	3	9

Puzzle 21 Solution

4	1	9	6	7	8	5	3	2
2	3	7	4	9	5	1	8	6
5	6	8	1	3	2	9	4	7
7	9	3	2	6	4	8	1	5
8	5	2	9	1	3	7	6	4
1	4	6	5	8	7	2	9	3
3	8	4	7	5	9	6	2	1
6	2	5	8	4	1	3	7	9
9	7	1	3	2	6	4	5	8

Puzzle 22 Solution

1	7	4	6	2	5	8	3	9
5	9	6	8	7	3	4	1	2
8	2	3	4	9	1	6	5	7
9	4	2	3	1	8	7	6	5
7	5	1	2	6	9	3	8	4
3	6	8	7	5	4	2	9	1
4	3	9	1	8	7	5	2	6
2	1	7	5	3	6	9	4	8
6	8	5	9	4	2	1	7	3

Puzzle 23 Solution

1	6	7	3	8	4	9	2	5
2	3	5	9	1	6	4	8	7
4	9	8	2	7	5	1	6	3
5	4	3	1	6	8	2	7	9
9	7	1	4	2	3	6	5	8
8	2	6	5	9	7	3	1	4
7	5	4	6	3	1	8	9	2
3	1	9	8	5	2	7	4	6
6	8	2	7	4	9	5	3	1

Puzzle 24 Solution

4	5	3	8	1	7	6	2	9
7	1	6	9	2	3	8	5	4
2	8	9	6	5	4	3	7	1
9	4	1	3	8	2	5	6	7
5	7	8	1	4	6	9	3	2
3	6	2	7	9	5	1	4	8
8	3	7	4	6	1	2	9	5
1	2	4	5	3	9	7	8	6
6	9	5	2	7	8	4	1	3

Puzzle 25 Solution

9	7	6	8	2	5	3	4	1
3	4	8	7	1	9	2	6	5
2	5	1	4	3	6	9	8	7
5	9	7	3	4	1	8	2	6
8	2	3	6	5	7	1	9	4
6	1	4	9	8	2	5	7	3
1	8	5	2	7	4	6	3	9
7	6	2	1	9	3	4	5	8
4	3	9	5	6	8	7	1	2

Puzzle 26 Solution

5	2	3	1	7	4	6	8	9
4	1	8	3	9	6	7	5	2
7	9	6	5	8	2	4	3	1
8	3	7	6	2	9	1	4	5
1	6	5	7	4	3	9	2	8
9	4	2	8	1	5	3	7	6
3	8	1	2	6	7	5	9	4
6	7	9	4	5	8	2	1	3
2	5	4	9	3	1	8	6	7

Puzzle 27 Solution

4	8	6	7	9	3	5	2	1
3	5	2	1	6	4	9	8	7
9	7	1	5	2	8	3	4	6
6	1	7	3	4	5	8	9	2
2	9	4	6	8	1	7	3	5
8	3	5	2	7	9	6	1	4
1	4	8	9	5	7	2	6	3
5	6	3	8	1	2	4	7	9
7	2	9	4	3	6	1	5	8

Puzzle 28 Solution

7	5	1	4	6	2	9	8	3
6	8	3	5	1	9	7	2	4
4	2	9	7	8	3	5	1	6
2	3	7	9	5	4	8	6	1
1	9	6	3	2	8	4	5	7
8	4	5	6	7	1	3	9	2
9	7	8	2	3	6	1	4	5
3	1	2	8	4	5	6	7	9
5	6	4	1	9	7	2	3	8

Puzzle 29 Solution

8	1	3	2	5	6	9	4	7
7	6	2	4	1	9	8	3	5
4	5	9	3	8	7	6	1	2
6	3	8	1	4	5	2	7	9
1	9	4	7	6	2	5	8	3
5	2	7	8	9	3	4	6	1
2	7	5	6	3	4	1	9	8
9	8	6	5	7	1	3	2	4
3	4	1	9	2	8	7	5	6

Puzzle 30 Solution

3	13	8	7	14	9	1	6	15	11	2	12	4	16	10	5
10	14	16	15	4	7	12	11	8	1	9	5	2	6	3	13
12	11	2	4	16	5	15	3	13	10	7	6	8	14	9	1
1	6	9	5	13	10	8	2	3	16	4	14	15	7	12	11
16	10	5	14	6	3	4	1	2	15	8	7	11	9	13	12
7	3	11	12	5	15	14	16	9	13	1	10	6	8	2	4
4	15	13	2	10	8	7	9	11	6	12	3	1	5	14	16
8	1	6	9	12	2	11	13	16	14	5	4	10	3	7	15
13	4	10	11	1	16	6	8	7	3	14	2	12	15	5	9
14	12	1	3	15	4	9	7	5	8	10	13	16	2	11	6
5	16	7	8	11	14	2	12	1	9	6	15	13	10	4	3
9	2	15	6	3	13	10	5	12	4	16	11	14	1	8	7
6	5	4	1	8	12	3	10	14	7	11	16	9	13	15	2
2	8	3	16	7	6	13	4	10	12	15	9	5	11	1	14
15	7	12	10	9	11	5	14	6	2	13	1	3	4	16	8
11	9	14	13	2	1	16	15	4	5	3	8	7	12	6	10

Puzzle 31 Solution

```
U W K Q L H I R G P
Q B A L L O O N U R
V K I U A V K B W E
W K J R W G T Z O S
C K Q S T K X P P E
C A K E E H Z G A N
V V N N E M D T R T
V M E D B E Y A T C
G J I Z L R K D Y G
F U S W N E D G S O
```

Puzzle 32 Solution

```
R M N O R I E P T E
D F U F L O W E R X
M K L I P B S N E G
M D N G U M D W E D
P R B U S H J H U G
Q L E O D X B X G K
W N A J Y P Q E W W
W V Y N R F Q D X E
W W X Y T K V I N E
J G B M S Q M U U D
```

Puzzle 33 Solution

```
G C A R B O L B B N B G C B L
A S G E I D S R O W H C W U M
R T U J X R I X O A P P L T O
S R R H G V K N T Q T K A K T
V U L B I C Y C L E X L I Y O
T C I U P D B L Z V F V R H R
E K Z S Z N J S Y B G F P F C
C A P W L V T Q O Y L S L A Y
N G F H A X A D Z T M Y A N C
B C K K E M A N X E N F N E L
Y T R A I N S Z E E I V E V E
T N Q J W V K L T I N J T W Y
A L N N Z P D G W C V N H X Q
C R Q O X H I T R A C T O R I
Q P L J J W S L Y S M N I Y I
```

Puzzle 34 Solution

```
B L E S J R J W V Q E S C V G
P S F R C A R Q Z U K A X I W
Q J V L Q G B P L O U O N O C
K I S W U N R S E V F Q O L H
O C Q N E T I E B J P F U I U
K V A D O X E Y K Q C U Y N R
X E M Y Y I B P E U N G T E K
K F K D D H W B E T P Y Q M J
Y U E L R V X F G U I T A R C
F D S P U L S W B V A K F Q K
E A E Q M N X C C H N M C U J
U W W T S A X O P H O N E J H
Q N I S L S X G K P L E Q Q Q
F M G S Y M E Z O U Z R F L W
N K Q F B T X C U T L U J O Z
```

Puzzle 35 Solution

```
E Z M F T B I B Q D X R Y N S
M B M F S J R I N B Q X A M R
I H A A G R D Q C X R S T W M
T Y J D R Q L D L W Q N Y Z X
E T R K U S V R Z G U A R D C
A A G W A U H J T V E N U S K
R T N E P T U N E C R K C Q N
T I C Y A A K S O Z G K R T E
H T D H X C K R K W B X E Y P
J Z H V F S F J O Q O Z M T C
V N F U R A N U S F U M P L A
S N L F A T O B L J O W N C N
Z T B U J U P I T E R P D R U
V L R M M R C Z G M G Q W K S
A M E O M N U S S H A S H U N
```

Puzzle 36 Solution

```
E R J E N S U D C O D Z K U C
E I C Y R U Y Z Y A N F P M O
R N R E A X Y E O P K B I G P
H B M T T N H M L J O N N C A
E F G E V F A E E L H J K N R
Y R D A U B L U E D O S I T I
Y O G L T H G P Y V T W E W V
I B N O W E N U R U I U G E I
S U R Y Y O U N E W L P F G O
L Z S O H A A P A S J L P N X
W O C O W V Y P E P Z H G A P
B R Z S X N L F I P A G H R F
T P D C H W G R E E N P E O V
J E K L I X D O U U O W H V L
R Y Q C J D C A Y H L S M L U
```

Puzzle 37 Solution

Puzzle 38 Solution

Puzzle 39 Solution

Puzzle 40 Solution

Puzzle 41 Solution

Puzzle 42 Solution

Puzzle 43 Solution

```
G T L A Z F F M A W I O R V M U U W T Y
I Q F Q O C E N I T N E L A V Y A L F L
M Z P V Y A W T R E P Z V D U H T B K E
T N S L R N D Y L T R A E H U L R U V H
T N J S R V N S Q E W V O J T Z A V C S
Q S S Y I W P T S F O R V E L L O V E F
F R E L R K U Y I B A T V C U A K E N F
F O K I N T B Q B O N V V N I A D A L W
I P M A T F K B B E U S N O N H X O B A
C F C E K E E J F B H Z O T S Q P F Y E
R Z G T N O E N H B S C I K E E V W Q L
N V J I F W E W V M I W T O Y H R M V H
R Y G C S I H E S Z Z G C N V L T O K S
B U G I O P G N G U B D E T D E N N D V
T S N C I Y V V T A L H F N K E K E T A
L P Y E P Y N V C O F N F T W H I E R V
Y C H G Q G I U E I I X A F C M S E H O
F U P C Q T Q J F V E O S X J O L L F W
G C H O K F Y M F N M V I N R C F P X K
I G N V B D S G A I B Y C F A E L M E G
```

Puzzle 44 Solution

```
I W S S C O V I D B I L I D E E B D F H
C T H B K Z I L Q S F A K S I C K E W Y
V L F I U K O T Y W S P H T K G E V J J
V Q I Z H E N Z P Y T F O U A S L Y G P
W S H N A E L J O T K U S E D X O A P I
G H L B I E Z E Z M Z Q P X G P W R B E
E V F T L C C T C E I B I E O M W X Z A
G X A H N J D K D D O C T O R I A L U Y
Y P A N D E M I C I M K A P G R R X E N
E A V Z G F U I Y C C B L T I H N U M D
B N Z Z S I Z U J I Z J P Z S E R P E W
A O D N C H C F N N O F U B U J I S R R
L W R M U J R A J E H I T L J W Y N G M
P X H F K R O U C N H E A L T H R O E F
B T Q I U R S U Y Q W E A V U N U G N O
I M J D X D M E W Z D C V R O W O Y C G
U Y R E J Z D L N Z E D U X T X U Q Y E
R A L F J C T S V Z T Q M E O N L C K Q
W E H W C I S U R G E O N F J L F Z O L
W V L P D Y S F X K B A B E B O P V L S
```

Puzzle 45 Solution

```
D C U E C N E T S N E S C N E D J U O L
W E C D E F E N D Z Q E C N E T N E S A
T C E E E E A N T U E S N E S E A L I J
C N B B S S O C O N V I C T E N Q C D A
E E T A C Q U I T P G T J P N I N K E L
J D E N T J M C C I K I R J T O O V K L
B I C K G T I R C T U M A N E N I P N L
O V V E S U R G G A L Q Y R E T T A B F
E E A C Q U I T T A L N T S R M I T A R
T O R C D X C D Y T M P O A C A T I S T
E N R T C O N V T C I A J L E S E T S T
C O A H J U R O R E D U J U T H P I Q P
N I I E S O S N B B N E S L A J D O U U
E T G L I T O E I S T R F W A U U N I R
S C G L W B A N K R R P T E A D K X T K
C E A O N S E N T E N E P Y N L H N V N
K I T I I Z C O R I F E C T L Z D L T A A
P B P M I S T L A I R T S I M V A E K B
N O E H S N E T E C E N B A T T R N Y E
O J U R Y A R A I G N M N J A I R E T L
```

Puzzle 46 Solution

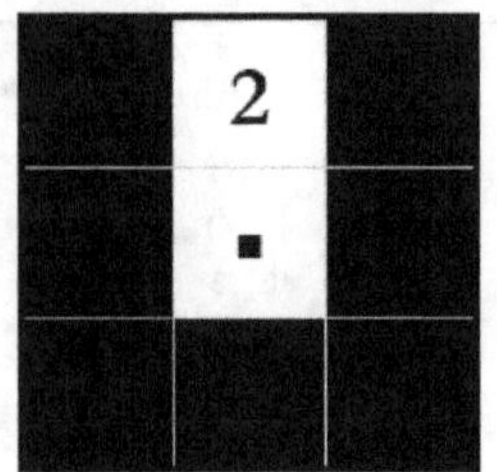

Puzzle 47 Solution

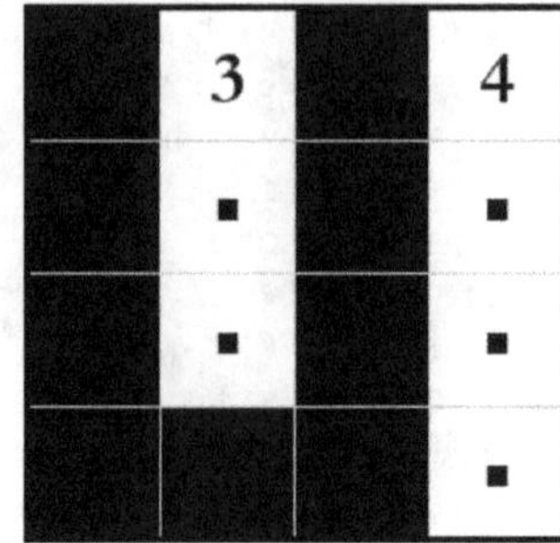

Puzzle 48 Solution

Puzzle 49 Solution

Puzzle 50 Solution

Puzzle 51 Solution

Puzzle 52 Solution

Puzzle 53 Solution

Puzzle 54 Solution

Puzzle 55 Solution

Puzzle 56 Solution

Puzzle 57 Solution

Puzzle 58 Solution

Puzzle 59 Solution

Puzzle 60 Solution

Puzzle 61 Solution

	9↓	7↓
12→	8	4
4→	1	3

Puzzle 62 Solution

	15↓	7↓
15→	9	6
7→	6	1

Puzzle 63 Solution

	23↓	12↓	10↓
23→	8	9	6
13→	9	1	3
9→	6	2	1

Puzzle 64 Solution

	20↓	11↓	10↓
23→	9	8	6
12→	8	1	3
6→	3	2	1

Puzzle 65 Solution

	16↓	6↓		
8→	7	1	11↓	
20→	9	3	8	17↓
	18→	2	7	9
		17→	9	8

Puzzle 66 Solution

			24↓	6↓
8→	7↓	8→ 23↓	7	1
20→	1	6	8	2
24→	4	8	9	3
11→	2	9		

Puzzle 67 Solution

		9↓	8↓		7↓	16↓
14→		8	6	11→ 24↓	2	9
22→		1	2	8	4	7
		12↓	8→ 4↓	7	1	
6→		2	1	3		
16→ 16↓		7	3	6		
8→ 12↓	7	1	13↓	8↓		
19→	5	1	4	6	3	
15→	7	8	6→	7	5	

Puzzle 68 Solution

		19↓	13↓			20↓	3↓
6→		1	5	34↓			
13→ 7↓		3	8	2	11↓		
8→	1	7	15→ 22↓	9	6		
34→	6	8	9	7	4		
17→		7	3	1	4	2	
11→		6	5	10→ 5↓	9	1	
16→		8	2	6			
4→		3	1				

Puzzle 69 Solution

			4↓	38↓			
	12↓	9→ 15↓	1	8		16↓	13↓
22→	4	6	3	9	12→ 9↓	7	5
17→	8	9	23→	1	5	9	8
			10→ 15↓	6	4		
	3↓	13→ 16↓	9	4		16↓	14↓
17→	1	7	6	3	15→ 13↓	9	6
11→	2	9	29→	5	9	7	8
			6→	2	4		

Puzzle 70 Solution

	45↓	9↓		30↓	21↓	3↓	15↓	22↓	22↓
15→	6	9	25→ 20↓	1	6	3	5	2	8
9→	9	22→ 28↓	9	6	7	14→ 29↓	2	7	5
45→	3	2	4	7	8	6	1	5	9
19→	4	3	7	5	18→ 11↓	3	7	8	2↓
6→	2	4	10→	3	6	1	8↓	2→ 6↓	2
12→	7	5	25→ 4↓	8	5	4	2	6	21↓
12→	1	7	4	5↓	14→ 10↓	8	6	7→ 9↓	7
9→	8	1	18→ 9↓	2	9	7	15→ 3↓	7	8
24→	5	6	9	3	1	11→	3	2	6

Puzzle 71 Solution

	7↓	38↓	2↓	35↓	20↓	26↓	23↓		
28→	7	4	2	3	5	6	1	2↓	
	5→ 9↓	5	31→ 11↓	7	8	5	9	2	12↓
36→	8	9	3	2	7	1	6	4→ 25↓	4
19→	1	6	8	4	23→	9	7	2	5
	2→ 23↓	2	6→ 26↓	6	3→ 18↓	3	4→	1	3
32→	7	1	8	5	9	2	3→ 12↓	3	10↓
26→	2	3	9	8	4	20→ 10↓	4	9	7
23→	9	8	6	20→ 1↓	5	3	7	4	1
5→	5	4→	3	1	16→	7	1	6	2

Puzzle 72 Solution

	4↓	25↓	12↓	26↓	19↓	14↓		7↓	
29→	4	5	8	9	2	1	5→ 15↓	5	
	36→ 30↓	3	4	7	9	6	5	2	
10→	4	6	22→ 15↓	2	8	5	7	16↓	34↓
10→	2	1	3	4	13→ 30↓	2	3	7	1
31→	5	2	4	1	9	2↓	7→	1	6
35→	9	8	6	3	7	2	11→ 14↓	8	3
1→	1	2→ 13↓	2	8→ 12↓	8	5→ 3↓	5	9→ 10↓	9
11→	3	8	30→	4	2	1	6	9	8
11→	6	5	25→	8	4	2	3	1	7

Puzzle 73 Solution

	29↓	12↓	6↓	9↓	37↓	17↓	6↓	18↓	
44→	7	3	6	9	4	8	5	2	23↓
10→	1	9	38↓	21→ 14↓	9	3	1	6	2
9→	9	22→ 16↓	9	4	3	6	9→ 20↓	3	6
27→	5	4	1	9	8	11→ 13↓	1	7	3
34→	3	5	2	1	6	9	8	5→ 20↓	5
17→	4	7	6	30→ 16↓	5	4	6	8	7
	3↓	11→ 13↓	5	4	2	11→ 5↓	2	9	17↓
19→	1	8	7	3	15→ 1↓	1	3	2	9
29→	2	5	8	9	1	4	9→	1	8

Puzzle 74 Solution

			4↓	3↓			11↓	3↓				
	17↓	4→ 4↓	3	1	17↓	3→	2	1		39↓	3↓	16↓
23→	8	3	1	2	9	5→ 35↓	3	2	15→ 4↓	5	1	9
10→	9	1		19→	8	6	5	21→	3	9	2	7
				24↓	8→ 4↓	7	1	9→	1	8	6↓	
		7↓	16→ 21↓	8	3	5	15↓		6→ 24↓	4	2	
26→	2	3	7	1	9	4	15→ 3↓	8	6	1		
16→	1	6	9	33→	8	5	1	9	7	3		
5→	4	1	16↓		10→ 29↓	1	2	7				
16↓	13→ 17↓	4	9	8→	5	3	3↓			16↓	4↓	
29→	9	8	5	7	12→ 16↓	9	2	1	4↓	8→ 17↓	7	1
18→	7	9	2	15→	7	8	23→	2	1	8	9	3
			16→	9	7		12→	3	9			

Puzzle 75 Solution

Puzzle 76 Solution

```
I T ' S   R A I N I N G   C A T S   A N D   D O G S
-- -  -  -------  ----  ---  ----
Q L ' E   I H Q J Q J M   P H L E   H J U   U X M E
```

```
        S    ARN   TG   CI    D    O
-----------------------------------------------
A B C D E F G H I J K L M N O P Q R S T U V W X Y Z
```

Puzzle 77 Solution

```
E L E P H A N T ,   H Y E N A ,   G I R A F F E ,   A N D   L I O N
-------  -----  -------  ---  ----
A T A C K E M G ,   K J A M E ,   R U H E X X A ,   E M Q   T U I M
```

```
E   P   A   TROYH   N   E   DG   LI      F
-----------------------------------------------
A B C D E F G H I J K L M N O P Q R S T U V W X Y Z
```

Puzzle 78 Solution

```
B L U E ,   R E D ,   G R E E N ,   Y E L L O W ,   B L A C K ,   W H I T E
----  ---  -----  ------  -----  -----
I G E C ,   Q C M ,   O Q C C W ,   S C G G U Y ,   I G N V J ,   Y H D A C
```

```
T   EIU   LHBK    DAG   R   Y   OCN   W
-----------------------------------------------
A B C D E F G H I J K L M N O P Q R S T U V W X Y Z
```

Puzzle 79 Solution

```
T W I N K L E ,   T W I N K L E ,   L I T T L E   S T A R ,   H O W   I   W O N D E R
-------  -------  ------  ----  ---  -  ------
A B C D E F G ,   A B C D E F G ,   F C A A F G   M A V R ,   O K B   C   B K D P G R

W H A T   Y O U   A R E
----  ---  ---
B O V A   S K T   V R G
```

```
TWINKLE      O   S   HD   RYU   A
-----------------------------------------------
A B C D E F G H I J K L M N O P Q R S T U V W X Y Z
```

Puzzle 80 Solution

```
MAKING  A  MOUNTAIN  OUT  OF  A  MOLEHILL
------  -  --------  ---  --  -  --------
LIFAGH  I  LEOGRIAG  EOR  ET  I  LEWUKAWW

I   OKNGA  HM   U   T  FE  L
---------------------------------
ABCDEFGHIJKLMNOPQRSTUVWXYZ
```

Puzzle 81 Solution

```
WHEN  IT  RAINS,  IT  POURS
----  --  -----   --  -----
CTIH  OL  JUOHQ,  OL  YAEJQ

O  W  U   NER  T   I  S   HA      P
-----------------------------------
ABCDEFGHIJKLMNOPQRSTUVWXYZ
```

Puzzle 82 Solution (JFK Quote)

```
THOSE  WHO  DARE  TO  FAIL  MISERABLY  CAN
-----  ---  ----  --  ----  ---------  ---
MOECA  IOE  KLTA  ME  QLUW  VUCATLYWX  RLF

ACHIEVE  GREATLY
-------  -------
LROUAGA  HTALMWX

E  S  ONVGW  DAT  H  FC  RIMLYB
-------------------------------
ABCDEFGHIJKLMNOPQRSTUVWXYZ
```

Puzzle 83 Solution

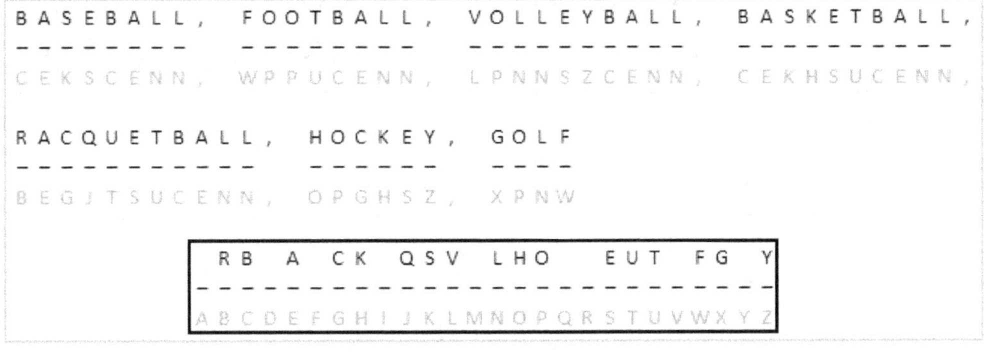

```
BASEBALL,    FOOTBALL,    VOLLEYBALL,    BASKETBALL,
--------     --------     ----------     ----------
CEKSCENN,    WPPUCENN,    LPNNSZCENN,    CEKHSUCENN,

RACQUETBALL,    HOCKEY,    GOLF
----------      ------     ----
BEGJTSUCENN,    OPGHSZ,    XPNW

RB  A  CK  QSV  LHO    EUT  FG  Y
---------------------------------
ABCDEFGHIJKLMNOPQRSTUVWXYZ
```

Puzzle 84 Solution

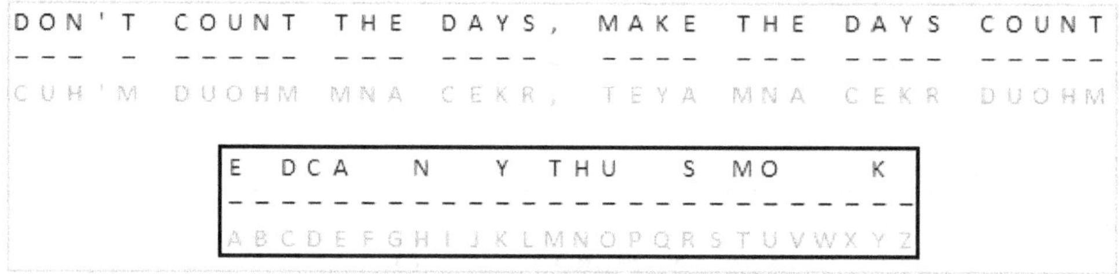

```
ELLEN,  MARY,  SUSAN,  AMY,  ELIZABETH,
-----   ----   -----   ---   ---------
OFFOH,  GUKM,  RIRUH,  UGM,  OFANUCOSY,

TERRI,  PAULINE,  REBECCA,  ROSE,  SARAH
-----   -------   -------   ----   -----
SOKKA,  JUIFAHO,  KOCODDU,  KERO,  RUKUY

I  BCOLMNUPR  YZE   ST  A   H
-  ---------  ---   --  -   -
A  BCDEFGHIJ  KLM   NO  PQRSTUVWXYZ
```

Puzzle 85 Solution (Muhammed Ali Quote)

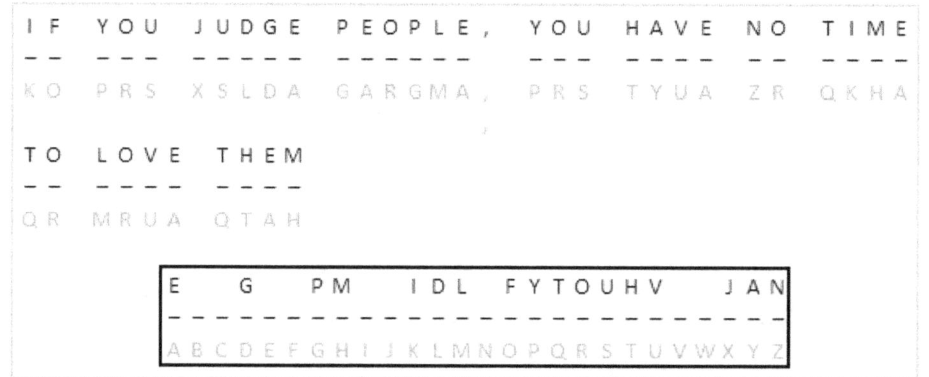

```
DON'T  COUNT  THE  DAYS,  MAKE  THE  DAYS  COUNT
--  -  -----  ---  ----   ----  ---  ----  -----
CUH'M  DUOHM  MNA  CEKR,  TEYA  MNA  CEKR  DUOHM

E  DCA  N  Y  THU  S  MO   K
-  ---  -  -  ---  -  --   -
A  BCDEFGHIJKLMNOPQRSTUVWXYZ
```

Puzzle 86 Solution (Mother Teresa Quote)

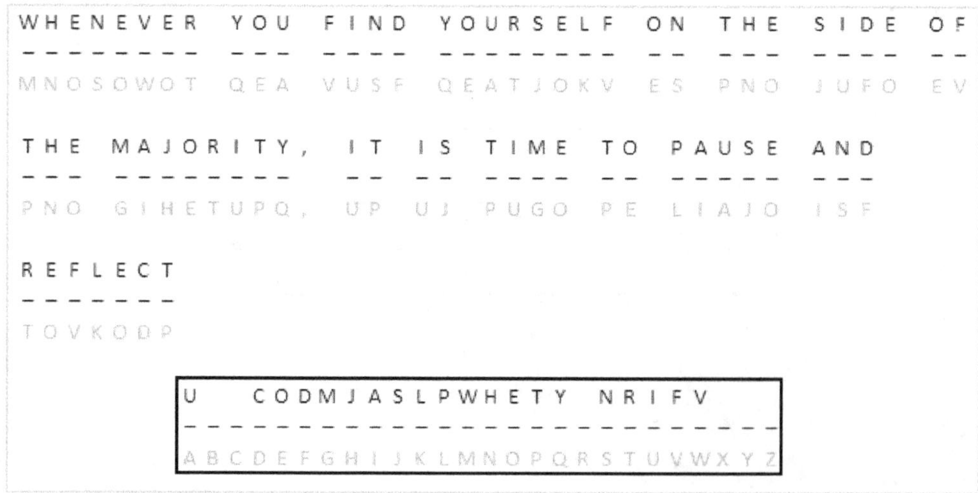

```
IF  YOU  JUDGE  PEOPLE,  YOU  HAVE  NO  TIME
--  ---  -----  ------   ---  ----  --  ----
KO  PRS  XSLDA  GARGMA,  PRS  TYUA  ZR  QKHA

TO  LOVE  THEM
--  ----  ----
QR  MRUA  QTAH

E  G   PM   IDL  FYTOUHV    JAN
-  -   --   ---  -------    ---
A  BCDEFGHIJKLMNOPQRSTUVWXYZ
```

Puzzle 87 Solution (Mark Twain Quote)

```
WHENEVER  YOU  FIND  YOURSELF  ON  THE  SIDE  OF
--------  ---  ----  --------  --  ---  ----  --
MNOSOWOT  QEA  VUSF  QEATJOKV  ES  PNO  JUFO  EV

THE  MAJORITY,  IT  IS  TIME  TO  PAUSE  AND
---  ---------  --  --  ----  --  -----  ---
PNO  GIHETUPQ,  UP  UJ  PUGO  PE  LIAJO  ISF

REFLECT
-------
TOVKODP

U    CODMJASLPWHETY  NRIFV
-    --------------  -----
ABCDEFGHIJKLMNOPQRSTUVWXYZ
```

Puzzle 88 Solution (Alberta Einstein Quote)

```
INSANITY:  DOING  THE  SAME  THING  OVER  AND
--------   -----  ---  ----  -----  ----  ---
EJWTJENL:  PSEJV  NQG  WTOG  NQEJV  SUGX  TJP

OVER  AGAIN  AND  EXPECTING  DIFFERENT  RESULTS
----  -----  ---  ---------  ---------  -------
SUGX  TVTEJ  TJP  GKAGINEJV  PEDDGXGJN  XGWZFNW
```

```
P   FILE  CNXY  TMDH  OAVGSR  U
---------------------------------------------
ABCDEFGHIJKLMNOPQRSTUVWXYZ
```

Puzzle 89 Solution (Nelson Mandela Quote)

```
THE  GREATEST  GLORY  IN  LIVING  LIES  NOT  IN
---  --------  -----  --  ------  ----  ---  --
JGF  MNFLJFPJ  MSTNZ  WX  SWUWXM  SWFP  XTJ  WX

NEVER  FALLING,  BUT  IN  RISING  EVERY  TIME
-----  --------  ---  --  ------  -----  ----
XFUFN  KLSSWXM,  QRJ  WX  NWPWXM  FUFNZ  JWHF

WE  FALL
--  ----
BF  KLSS
```

```
W     EHM  TFAGR  SBULOV  IN  Y
---------------------------------------------
ABCDEFGHIJKLMNOPQRSTUVWXYZ
```

Puzzle 90 Solution (Harriot Tubman Quote)

```
EVERY  GREAT  DREAM  BEGINS  WITH  A  DREAMER.
-----  -----  -----  ------  ----  -  --------
ACAKF  JKAIH  LKAIN  PAJOQR  SOHT  I  LKAINAK.

ALWAYS  REMEMBER,  YOU  HAVE  WITHIN  YOU  THE
------  ---------  ---  ----  ------  ---  ---
IWSIFR  KANANPAK,  FUE  TICA  SOHTOQ  FUE  HTA

STRENGTH,  THE  PATIENCE,  AND  THE  PASSION  TO
---------  ---  ---------  ---  ---  -------  --
RHKAQJHT,  HTA  XIHOAQZA,  IQL  HTA  XIRROUQ  HU

REACH  FOR  THE  STARS  TO  CHANGE  THE  WORLD.
-----  ---  ---  -----  --  ------  ---  -----
KAIZT  BUK  HTA  RHIKR  HU  ZTIQJA  HTA  SUKWL.
```

```
EFV  UY  TAGRD  MIBNSWHO  LP  C
---------------------------------------------
ABCDEFGHIJKLMNOPQRSTUVWXYZ
```

Puzzle 91 Solution

NOD	_________	DON
ROCNON	_________	CONNOR
KIEM	_________	MIKE
DRAB	_________	BRAD
TRENB	_________	BRENT
ROAM	_________	OMAR

Puzzle 92 Solution

LALSY	_________	SALLY
ARMY	_________	MARY
HENEL	_________	HELEN
NITA	_________	TINA
LAPAU	_________	PAULA
RAULA	_________	LAURA

Puzzle 93 Solution

DOCLU	_________	CLOUD
PANEL	_________	PLANE
DIRB	_________	BIRD
INAR	_________	RAIN
UNS	_________	SUN
MONO	_________	MOON

Puzzle 94 Solution

LOW	_________	OWL
RAPTOR	_________	PARROT
VANER	_________	RAVEN
ROWRAPS	_________	SPARROW
JYA	_________	JAY
OHREN	_________	HERON

Puzzle 95 Solution

ORFO	_________	ROOF
RODO	_________	DOOR
DOWWIN	_________	WINDOW
MINCHEY	_________	CHIMNEY
LOFOR	_________	FLOOR
TRAISS	_________	STAIRS

Puzzle 96 Solution

ROCDOT	_________	DOCTOR
MUBRELP	_________	PLUMBER
REENGINE	_________	ENGINEER
CHREATE	_________	TEACHER
STINTED	_________	DENTIST
RUNSE	_________	NURSE
GAMANER	_________	MANAGER
PREANIT	_________	PAINTER

Puzzle 97 Solution

VERABE	_________	BEAVER
XYNL	_________	LYNX
NYMOKE	_________	MONKEY
CONOCAR	_________	RACCOON
FLOW	_________	WOLF
REBA	_________	BEAR
FLUBOFA	_________	BUFFALO
ESOMO	_________	MOOSE

Puzzle 98 Solution

LOYRELT	_________	TROLLEY
BACLE ARC	_________	CABLE CAR
CROTTAR	_________	TRACTOR
WOWPLONS	_________	SNOWPLOW
PASCE PHIS	_________	SPACE SHIP
CERKOT	_________	ROCKET
BAULMENCA	_________	AMBULANCE
KANT	_________	TANK

Puzzle 99 Solution

BLEAT	__________	TABLE
HUCCO	__________	COUCH
BOCDRAUP	__________	CUPBOARD
NOUFT	__________	FUTON
CRINELER	__________	RECLINER
SOFTOLOTO	__________	FOOTSTOOL
DERRESS	__________	DRESSER
BOSHKOFEL	__________	BOOKSHELF

Puzzle 100 Solution

ALLSABBE	__________	BASEBALL
STEAKBLABL	__________	BASKETBALL
ICCNGLY	__________	CYCLING
TBOOLLAF	__________	FOOTBALL
FLOG	__________	GOLF
CHOYKE	__________	HOCKEY
GINNURN	__________	RUNNING
SUQHAS	__________	SQUASH
MMINWIGS	__________	SWIMMING
SENNIT	__________	TENNIS

Puzzle 101 Solution

OSUME	__________	MOUSE
MITROON	__________	MONITOR
SCROOPERS	__________	PROCESSOR
CHARPIGS	__________	GRAPHICS
BAYDORKE	__________	KEYBOARD
SKODTEP	__________	DESKTOP
TERNNITE	__________	INTERNET
WHARDERA	__________	HARDWARE
GRAPROM	__________	PROGRAM
GINTOPERA MYSTES	__________	OPERATING SYSTEM

Puzzle 102 Solution

GLIAFOE	__________	FOLIAGE
TAIMONUN	__________	MOUNTAIN
MAWDOE	__________	MEADOW
ZINROOH	__________	HORIZON
SWERDLINES	__________	WILDERNESS
ROFTERINAS	__________	RAINFOREST
COVALON	__________	VOLCANO
STAREM	__________	STREAM
PLACESAND	__________	LANDSCAPE
ACANHALVE	__________	AVALANCHE

Puzzle 103 Solution

SHOBBFIL	__________	BLOBFISH
TAPPYSUL	__________	PLATYPUS
CHADINE	__________	ECHIDNA
ANOPLING	__________	PANGOLIN
CROOPBISS KOMNYE	__________	PROBOSCIS MONKEY
BRIFTIDAGER	__________	FRIGATEBIRD
SHOLT	__________	SLOTH
ACIDTOUNIM	__________	COATIMUNDI
MINATANAS VILED	__________	TASMANIAN DEVIL
YOWACRASS	__________	CASSOWARY

Puzzle 104 Solution

NOBUSE RAISE	__________	BUENOS AIRES
HACKARI	__________	KARACHI
MALENORT	__________	MONTREAL
EDILLMEN	__________	MEDELLIN
WATOTA	__________	OTTAWA
BILASARI	__________	BRASILIA
BROMULEEN	__________	MELBOURNE
GRABALONE	__________	BANGALORE
GRUJENNABOSH	__________	JOHANNESBURG
AJAGARADALU	__________	GUADALAJARA

Puzzle 105 Solution

GLOOOYZ	__________	ZOOLOGY
CCEEIILRTTY	__________	ELECTRICITY
ACHIOPRSSSTY	__________	ASTROPHYSICS
ACCEHILM	__________	CHEMICAL
EEEIMNPRTX	__________	EXPERIMENT
CEEGINST	__________	GENETICS
EHHIOPSSTY	__________	HYPOTHESIS
AABLOORRTY	__________	LABORATORY
GILMMNOOUY	__________	IMMUNOLOGY
EEGLMOOORTY	__________	METEOROLOGY
CEEELOPST	__________	TELESCOPE
ACGIILLMOOSTT	__________	CLIMATOLOGIST

Puzzle 106 Solution

Allowable numbers: 1 - 3

1	1	3	5
1	2	1	4
1	1	1	3
3	4	5	4

(top-right: 6)

Puzzle 107 Solution

Allowable numbers: 1 - 3

1	1	1	3
1	2	3	6
1	2	2	5
3	5	6	5

(top-right: 4)

Puzzle 108 Solution

Allowable numbers: 1 - 3

1	1	1	3
3	2	3	8
3	2	1	6
7	5	5	4

(top-right: 6)

Puzzle 109 Solution

Allowable numbers: 1 - 4

4	4	1	2	11
4	4	1	1	10
2	2	4	3	11
3	3	2	4	12
13	13	8	10	16

(top-right: 8)

Puzzle 110 Solution

Allowable numbers: 1 - 4

				9
2	1	2	4	9
3	3	3	4	13
1	1	2	2	6
1	4	2	4	11
7	9	9	14	11

Puzzle 111 Solution

Allowable numbers: 1 - 6

				18
5	6	2	6	19
2	5	4	4	15
1	6	5	2	14
2	6	6	5	19
10	23	17	17	20

Puzzle 112 Solution

Allowable numbers: 1 -3

					9
1	2	1	1	3	8
3	2	3	1	2	11
1	1	1	1	2	6
3	2	3	2	2	12
2	2	3	2	3	12
10	9	11	7	12	9

Puzzle 113 Solution

Allowable numbers: 1 - 4

					10
2	4	2	4	4	16
2	2	3	1	4	12
4	1	3	1	3	12
2	1	2	2	2	9
1	4	3	1	4	13
11	12	13	9	17	13

Puzzle 114 Solution

Allowable numbers: 1, 3, 4, 5

					20
4	5	5	4	4	22
3	1	5	4	5	18
5	5	3	3	1	17
4	4	5	5	1	19
5	3	3	5	1	17
21	18	21	21	12	14

Puzzle 115 Solution

Allowable numbers: 1 - 5

					14
1	5	3	3	1	13
2	4	2	2	4	14
5	4	3	2	3	17
2	5	4	5	2	18
3	4	5	4	1	17
13	22	17	16	11	14

Puzzle 116 Solution

Allowable numbers: 1 - 6

					16
2	2	1	4	1	10
3	2	5	3	3	16
4	3	5	3	4	19
1	6	3	2	2	14
1	3	3	5	2	14
11	16	17	17	12	13

Puzzle 117 Solution

Allowable numbers: 1 - 4

					11
4	1	3	4	2	14
2	1	3	2	3	11
4	1	1	2	3	11
2	4	4	3	4	17
2	3	3	3	1	12
14	10	14	14	13	10

Puzzle 118 Solution

Allowable numbers: 1 - 4

1	4	1	1	1	1	9
3	2	4	4	1	4	18
3	1	2	4	4	4	18
2	2	1	3	2	2	12
2	1	2	3	4	1	13
2	1	4	4	1	2	14
13	11	14	19	13	14	14

(10)

Puzzle 119 Solution

Allowable numbers: 1 - 6

5	3	2	3	4	5	22
6	6	6	1	3	2	24
4	5	6	3	3	1	22
5	5	2	1	1	2	16
1	5	1	3	1	2	13
4	5	6	1	4	3	23
25	29	23	12	16	15	22

(22)

Puzzle 120 Solution

Allowable numbers: 1 - 4

2	3	2	3	2	4	2	3	21
3	3	2	2	2	2	1	3	18
4	1	3	3	4	1	3	1	20
3	4	2	2	2	3	4	3	23
4	1	3	4	1	1	3	1	18
4	4	3	4	4	1	4	3	27
4	4	1	3	2	2	3	4	23
4	1	1	2	2	2	3	4	19
28	21	17	23	19	16	23	22	19

(22)

Puzzle 121 Solution

2	1	2
3	4	3
1	2	1

Puzzle 122 Solution

2	3	1
1	4	2
2	3	1

Puzzle 123 Solution

1	3	2	4
2	4	1	3
1	3	5	2
4	2	1	3

Puzzle 124 Solution

2	4	3	1
3	1	2	4
2	4	3	1
3	1	2	4

Puzzle 125 Solution

1	2	3	4	5
3	5	1	2	3
4	2	4	5	1
1	3	1	3	2
2	4	2	4	1

Puzzle 126 Solution

3	1	5	2	1
2	4	3	4	3
1	5	2	1	2
4	3	4	3	5
1	2	1	2	4

Puzzle 127 Solution

2	4	5	3	2	1
3	1	2	4	5	4
5	4	3	1	3	2
2	1	5	2	5	1
3	4	3	4	3	4
1	2	1	5	1	2

Puzzle 128 Solution

1	3	2	4	2	1
2	4	1	3	5	3
1	3	5	4	1	2
4	2	1	2	5	3
3	5	4	3	4	1
2	1	2	1	2	3

Puzzle 129 Solution

1	4	1	4	2	3
2	3	2	3	1	5
4	5	1	5	4	2
2	3	2	3	1	5
5	1	5	4	2	4
4	2	3	1	3	1

Puzzle 130 Solution

2	1	4	3	2	1
5	3	2	1	5	3
2	1	5	3	2	1
3	4	2	1	4	3
2	1	3	5	2	1
5	4	2	1	4	3

Puzzle 131 Solution

1	3	1	3	4	2	3
5	2	4	2	1	5	1
1	3	5	3	4	3	2
2	4	2	1	2	5	4
1	3	5	4	3	1	2
5	2	1	2	5	6	4
4	3	4	3	1	2	1

Puzzle 132 Solution

2	1	2	1	3	1	2	1
3	4	3	4	5	4	3	4
1	2	1	2	1	2	5	2
5	4	5	4	5	4	1	3
3	1	3	1	3	2	5	2
4	2	5	2	5	1	3	1
1	3	4	1	3	4	2	4
2	5	2	5	2	1	3	1

Puzzle 133 Solution

1	5	2	1	4	1	2	3
3	4	3	6	2	3	4	1
2	1	2	1	5	1	2	3
4	5	4	3	4	3	4	1
1	3	1	2	5	2	5	3
5	2	4	3	1	4	1	2
1	3	5	2	5	2	3	4
5	2	4	3	4	1	5	1

Puzzle 134 Solution

1	2	3	1	5	1	5	1
3	4	5	2	3	2	4	2
1	2	3	4	5	1	3	1
3	5	1	2	3	4	5	4
2	4	3	4	6	1	2	1
5	1	2	1	5	3	5	3
2	4	3	4	2	4	2	1
1	5	2	1	3	1	3	4

Puzzle 135 Solution

2	4	2	6	4	1	3	2
5	1	3	1	5	2	4	1
6	2	4	2	4	1	3	2
1	5	1	3	5	2	5	1
4	3	4	2	1	3	4	3
1	2	1	3	4	2	1	2
3	4	5	2	1	3	4	3
1	2	1	3	4	5	2	1

14. Puzzle Checklist

If you jump around from puzzle to puzzle, you may use the following checklist to cross off the puzzles you have completed. Note that the number in each box refers to the puzzle number, not the page number.

Mazes

1	2	3	4	5	6	7	8	9	10	11	12	13	14	15

Sudoku

16	17	18	19	20	21	22	23	24	25	26	27	28	29	30

Word Find

31	32	33	34	35	36	37	38	39	40	41	42	43	44	45

Nurikabe

46	47	48	49	50	51	52	53	54	55	56	57	58	59	60

Kakuro

61	62	63	64	65	66	67	68	69	70	71	72	73	74	75

Cryptogram

76	77	78	79	80	81	82	83	84	85	86	87	88	89	90

Word Scramble

91	92	93	94	95	96	97	98	99	100	101	102	103	104	105

Number Sums

106	107	108	109	110	111	112	113	114	115	116	117	118	119	120

Suguru

121	122	123	124	125	126	127	128	129	130	131	132	133	134	135